Le Siècle des Lumières

1715-1789

Catherine Salles

Le Siècle des Lumières

1715-1789

Préface de
Sylvain Desmille

LAROUSSE

21, rue du Montparnasse 75006 Paris

Notre couverture, notre sommaire :

Représentation de Louis XV (détail). Peinture de Jean-Baptiste Loo (1664-1745).
Photo AKG IMAGES/Éric — Lessing / Musée national du château de Versailles

Rédaction
Alain Melchior-Bonnet
avec le concours de Pierre Thibault

Secrétariat
Jocelyne Bierry

Correction-révision
Bernard Dauphin, Annick Valade

Documentation iconographique
Jacques Grandremy

Mise en pages
Eva Riffe
assistée de Jean-Michel Barthélémy

Photographie
Gérard Le Gall, Jacques Bottet, Gilles Lours,
Jacques Torossian, Michel Toulet

Direction artistique
Frédérique Longuépée et Henri Serres-Cousiné

© 1988 Librairie Larousse
ISBN 2-03-799087-2

Cette série a été publiée sous le titre
« Histoire de France illustrée/2 000 ans d'images »
par la Librairie Larousse

Sélection du Reader's Digest, SA
5 à 7, avenue Louis-Pasteur, 92220 Bagneux

2ᵉ ÉDITION
Achevé d'imprimer : juillet 2004
Dépôt légal : août 2004
Dépôt légal en Belgique : D-2004-0621-12

ISBN : 2-7098-1490-0

Impression et reliure : Printer, Barcelone

IMPRIMÉ EN ESPAGNE
Printed in Spain

Préface

A la mort de Louis XIV, le régent Philippe d'Orléans met en place un régime construit en réaction contre le Grand Siècle. Pour réduire le déficit de l'État, il autorise en 1718 le banquier John Law à émettre du papier-monnaie gagé sur la mise en valeur des colonies françaises en Amérique (Canada, vallées de l'Ohio et du Mississippi, Louisiane, Antilles). Le commerce favorise l'essor des ports de l'Atlantique. Un nouvel art de vivre se met en place, à l'image des tableaux de Watteau et du style rocaille. Louis XV monte sur le trône en 1723, peu avant la mort du Régent. Il se marie avec la jeune Marie Leszcynska, fille du duc de Lorraine (ce qui permet de rattacher le duché à la France en 1766). Après sa victoire à Fontenoy en 1745 contre « Messieurs les Anglais », il privilégie la cohérence territoriale et l'essor économique aux dépens des conquêtes militaires. Il acquiert les Dombes en 1762, puis la Corse quatre ans plus tard. Travailleur acharné, le roi, comme son aïeul, a par ailleurs le goût des favorites : Jeanne du Barry l'accompagne à la fin de sa vie et madame de Pompadour le conseille une grande partie de son règne, surtout après la tentative d'assassinat de Damiens, en janvier 1757.

Dès 1751 se multiplient les oppositions du Parlement et de brillantes personnalités autour desquelles l'esprit des Lumières s'impose. Les cabinets de physique et de mathématiques, les bibliothèques, les académies, les cafés et salons littéraires, les loges maçonniques prospèrent partout en France. Montesquieu, Rousseau, Robespierre y font leurs classes. Malgré la censure, on lit Voltaire et l'*Encyclopédie* de Diderot et d'Alembert. Sensibles au régime parlementaire anglais, les philosophes dénoncent l'absolutisme monarchique, les privilèges de la noblesse et les superstitions religieuses. Ces attaques trouvent un écho au sein d'une bourgeoisie soucieuse d'accroître ses avantages. Sous le règne de Louis XVI, les interventions françaises en faveur des insurgents américains et les dépenses de la Cour vident les caisses du Trésor. En 1788, acculé à la réforme, le roi ne se doute pas que s'amorce une révolution…

Sylvain DESMILLE

Sommaire

1715-1723, la Régence	1
1723-1740, Louis XV le Bien-Aimé	21
1740-1750, le règne des favorites	41
1751-1757, la montée des oppositions	61
1756-1763, la guerre de Sept Ans	81
1764-1774, le déclin de l'Ancien Régime	101
1774-1782, Louis XVI	121
1783-1788, l'agonie de l'Ancien Régime	141
Chronologie	161
Dictionnaire des personnages	165

1715-1723 La Régence

LE 1ER SEPTEMBRE 1715, LE VIEUX ROI LOUIS XIV s'éteignait à Versailles après plusieurs semaines d'agonie. Il laissait à son successeur un héritage très lourd. La France était alors le pays le plus peuplé de l'Europe occidentale, mais elle se relevait avec peine de douze années de guerre. Après l'acceptation en 1700 du testament du roi d'Espagne, aux termes duquel le trône de Madrid avait été offert au petit-fils de Louis XIV, la politique de prestige du Grand Roi avait conduit le pays au bord de l'abîme. Le royaume avait été envahi, les défaites s'étaient succédé jusqu'au jour où la victoire de Denain sur les coalisés avait permis aux négociateurs français d'entamer dans de meilleures conditions les discussions de paix. Les traités furent signés à Utrecht en 1713 et à Rastadt en 1714, mais le pays était ruiné.

Aux malheurs de la guerre, s'étaient ajoutées les rigueurs du climat. Après le terrible hiver de 1709 qui gela les grains et les arbres, misère et famine avaient accablé les populations. Le prix du blé décupla, les convois de vivres étaient pillés avant d'arriver à destination. Les contribuables accueillaient les collecteurs d'impôts à coups de fourches. Les moissons suivantes furent meilleures, mais, en 1714, une épizootie décima le bétail. Le royaume demeurait dans un état de grand dénuement. L'économie s'était ralentie, beaucoup de manufactures avaient fermé leurs portes. Les injustices du système fiscal exaspéraient les non-privilégiés. En 1710, on avait institué un impôt sur le revenu, le « dixième », mais le rendement était faible, vu l'impossibilité de vérifier les déclarations. En ces dernières années du règne, le Trésor était vide, la dette de l'État atteignait près de 3 milliards de livres tournois. La haute noblesse qui entourait le roi avait, depuis longtemps, été privée de tout pouvoir réel. Sur le plan moral, l'influence de Mme de Maintenon imposait un pesant rigorisme dont les courtisans avaient hâte d'être libérés. Les persécutions continuaient contre les protestants et contre les jansénistes. En 1713, la proclamation de la bulle *Unigenitus,* qui condamnait le jansénisme, avait provoqué en France des remous.

Les dernières années de Louis XIV avaient été assombries par une série de malheurs familiaux qui avaient semblé mettre en péril sa succession. En 1711, la petite vérole emporta le Grand Dauphin. L'année suivante vit disparaître, à la suite de rougeole, le fils et la belle-fille de celui-ci, le duc et la duchesse de Bourgogne, puis leur fils aîné, le petit duc de Bretagne. Enfin, en 1714, le duc de Berry, frère du duc de Bourgogne, mourut à son tour d'un accident de cheval. Le seul héritier direct du trône — on excluait le second fils du Grand Dauphin, ex-duc d'Anjou, qui avait renoncé à la couronne de France en devenant roi d'Espagne — était alors l'arrière-petit-fils de Louis XIV, un enfant de quatre ans, d'apparence chétive et qui, disait-on, n'atteindrait pas l'âge adulte. Ce fut à ce frêle successeur que, quelques jours avant sa mort, le vieux roi donna ses dernières recommandations pour régner sur cette France qu'il dirigeait depuis de si nombreuses années : « Mon cher enfant, vous allez être le plus grand roi du monde, n'oubliez jamais les obligations que vous avez à Dieu. Ne m'imitez pas dans les guerres ; tâchez de toujours maintenir la paix avec vos voisins, de soulager votre peuple autant que vous le pourrez, ce que j'ai eu le malheur de ne pouvoir faire par les nécessités de l'État... »

◁ *L'Enseigne de Gersaint* (détail). Dans la boutique d'un des marchands de tableaux les plus réputés de Paris, un emballeur met en caisse un portrait de Louis XIV. Un règne se termine, et l'élégance gracieuse de la jeune femme qui regarde disparaître l'effigie du vieux roi semble annoncer la réaction contre l'austérité que représenta la période de la Régence. Peinture d'Antoine Watteau. Château de Charlottenburg, Berlin.
Arch. I. R. L.

LOUIS XIV AVAIT DANS SON TESTAMENT RÉGLÉ LE PROBLÈME DE LA RÉGENCE. Elle revenait de droit à son plus proche parent, son neveu Philippe, duc d'Orléans, fils de Monsieur, frère du roi, et de sa seconde femme, la princesse Palatine. Mais le roi n'aimait guère ce trop brillant neveu dont il redoutait l'irréligion et le cynisme et auquel il reprochait d'être un « fanfaron du crime ». Aussi avait-il organisé un Conseil de régence, placé sous la présidence de Philippe d'Orléans, et avait-il décidé de donner la tutelle du futur Louis XV au duc du Maine, son bâtard légitimé né de ses amours avec Mme de Montespan. Ce testament, daté du 2 août 1714, avait été remis au parlement le 26 août et muré dans une tour du Palais de Justice. Deux codicilles avaient encore renforcé les pouvoirs du duc du Maine.

Philippe d'Orléans, régent. Dès la mort de Louis XIV, une marée de courtisans se rua chez le duc d'Orléans, mais il fallait attendre l'ouverture du testament. Le 2 septembre, le document fut lu à haute voix par un conseiller du parlement. Selon le mot de Saint-Simon, le duc du Maine « crevait de joie », lorsque Philippe prit la parole pour protester contre le préjudice qui lui était fait. Le jeu en réalité était joué d'avance avec les magistrats favorables au duc d'Orléans. Le parlement, docile, annula purement et simplement le testament. En échange, il se vit restituer le droit de remontrances supprimé depuis soixante ans : tel était le prix que Philippe d'Orléans payait pour son droit à la régence. La victoire du nouveau régent était totale, le duc du Maine ne conservant même pas la garde de l'enfant royal. Ce dernier, avec sa gouvernante Mme de Ventadour, quitta Versailles le 9 septembre et traversa Paris en carrosse sous les acclamations de la foule, avant de s'installer au château de Vincennes. Le même jour, la dépouille mortelle de Louis XIV était inhu-

Les années de la réaction

Le dauphin Louis à l'âge de quatre ans. Quelques mois avant de devenir roi de France, le futur Louis XV est encore vêtu de la longue robe de la petite enfance. Ce prince fragile était le seul descendant survivant de Louis XIV, et le principal souci de sa gouvernante, Mme de Ventadour, fut de disputer à la mort cet enfant à la santé délicate. Peinture de Pierre Gobert. Musée du Prado, Madrid.
▽ *Presses de la Cité.*

△ **Philippe d'Orléans.** Cet homme, qui joignait le courage physique à une très grande culture, avait une fort mauvaise réputation de viveur qui fit passer au second plan ses réelles qualités d'homme politique. Peinture de Jean-Baptiste Santerre *(détail)*. Musée national du château de Versailles.
Phot. Lauros-Giraudon

mée à Saint-Denis. Il fallait encore, pour confirmer la régence de Philippe d'Orléans, que le petit roi tînt un lit de justice et, le 12 septembre, l'enfant, devant tous les parlementaires, fit proclamer son oncle régent du royaume. Les Orléans avaient remporté la victoire sur les légitimés.

Né en 1674, le nouveau régent avait atteint la quarantaine en 1714 et séduisait par sa beauté, son intelligence et sa culture. Il avait eu pour précepteur l'abbé Dubois, qui avait su développer les talents d'un élève aussi doué pour les arts que pour les sciences. En 1692, le jeune prince avait été marié, par ordre du roi, à Mlle de

△ **Louis XV sort du palais après le lit de justice du 12 septembre et, avec son cortège, passe devant la Sainte-Chapelle.** Cette cérémonie en grand apparat consacrait le triomphe de Philippe d'Orléans, auquel l'enfant roi donna pleins pouvoirs en présence du parlement. Malgré son jeune âge, Louis XV se comporta fort dignement pendant la séance et fut acclamé à sa sortie par les Parisiens enthousiastes. Peinture de Pierre-Denis Martin. Musée Carnavalet, Paris. *Phot. G. Dagli-Orti.*

Blois, fille légitimée de Louis XIV et de Mme de Montespan. En 1707, il avait combattu en Espagne, puis s'était illustré à Lerida. À la suite de diverses intrigues, il avait été écarté des armées et de la Cour, où il était considéré sans sympathie, et avait vécu dans la retraite. Il s'intéressait surtout à la peinture, à la chimie et même à l'alchimie, tout en recherchant des distractions moins innocentes. Les « petits soupers » du Palais-Royal, où résidait Philippe d'Orléans, réunissaient de joyeuses compagnies dont le libertinage réagissait contre l'étiquette morose de la Cour. La réputation scandaleuse du prince lui avait valu d'être accusé de sorcellerie et même de l'empoisonnement des ducs de Bourgogne et de Bretagne. Mais Louis XIV lui-même, malgré son peu d'affection pour son neveu, avait repoussé ces calomnies. Les qualités indéniables du nouveau régent étaient malheureusement masquées par sa nonchalance naturelle et par l'influence désastreuse de ses amis.

La polysynodie. Les huit années de la Régence apparurent comme une réaction contre tout ce qui avait caractérisé la fin du règne précédent. Après la sévérité qui avait été de règle dans les dernières années du règne de Louis XIV, l'aristocratie se lança sans retenue dans une existence de plaisirs. Les compagnons du Régent, les

◁ **Comédiens-italiens dans un parc.** En quelques mois, le carcan rigide qu'avait imposé à la société française Louis XIV vieillissant fut brisé, et la Régence permit la libération de tous les interdits du règne précédent. C'est ainsi que les comédiens-italiens, qui avaient été exilés de France sous l'influence de Mme de Maintenon, furent rappelés par le Régent au lendemain de la mort de Louis XIV. Peinture de Jean-Baptiste Oudry. Coll. part.
Phot. Lauros-Giraudon.

Portrait d'un gentilhomme. ▷ Le sourire indéfinissable de cet homme, fait d'ironie et de détachement, pourrait servir de symbole à l'« esprit Régence », mélange de légèreté, de raillerie et de scepticisme. La transformation des mœurs entraîna une nouvelle réflexion sur la liberté, et la licence des « roués » prépara indirectement l'éclosion du « siècle des Lumières ». Peinture d'Antoine Watteau. Musée du Louvre, Paris.
Phot. Lauros-Giraudon.

Le Déjeuner de jambon **(détail).** Sous les frondaisons d'un parc, des gentilshommes, en compagnie d'une dame, finissent de déjeuner d'un jambon qu'ils ont largement arrosé de bons vins. Cette scène galante illustre bien la frénésie de jouissance qui s'empara de la haute société française, emportée dans un tourbillon de plaisirs épicuriens. Peinture de Nicolas Lancret. Musée Condé, Chantilly.
▽ *Phot. Lauros-Giraudon.*

« roués », nommés ainsi parce qu'on les jugeait dignes d'être suppliciés sur la roue, donnaient le ton de cette licence débridée par laquelle les Français se vengeaient d'une austérité trop longtemps imposée. « Vive le temps de l'aimable Régence, écrivit un contemporain, où l'on fit tout, excepté pénitence. » En réalité, seule la haute société fut saisie de cette soif de plaisirs, mais sa réputation scandaleuse resta attachée au nom de Régence, synonyme de débauche et de corruption.

La même réaction se manifesta dans la politique suivie par Philippe d'Orléans dès les premiers jours de la Régence, car, s'inspirant des idées de Fénelon et de Saint-Simon, ce prince libéral aux idées avancées voulut briser l'absolutisme ministériel. « Il aimait fort la liberté et autant pour les autres que pour lui-même », disait son ami Saint-Simon. Louis XIV avait systématiquement évincé des conseils de gouvernement les grands seigneurs, et le Régent voulut leur redonner une place prépondérante dans le pays. À l'instigation essentiellement de Saint-Simon, il remplaça les ministres par huit conseils de dix membres, composés de grands seigneurs et de conseillers d'État : outre le Conseil de régence, on trouvait le Conseil de conscience, chargé des affaires religieuses et présidé par le cardinal de Noailles, le Conseil des affaires du dedans qui, sous l'autorité du duc d'Antin, présidait aux questions administratives des provinces, le Conseil des affaires étrangères, présidé par le maréchal d'Huxelles, le Conseil de la guerre, confié au maréchal de Villars, le Conseil de la marine, placé sous le commandement du comte de Toulouse, le Conseil des finances, dirigé par le duc de Noailles, enfin le Conseil du commerce, placé sous la haute main du duc de La Force. Ces conseils devaient préparer les dossiers qui étaient ensuite soumis au Régent. On donna à ce système le nom grec de « polysynodie ». En fait, en recherchant l'appui de la noblesse et de toutes les forces politiques susceptibles de le soutenir, Philippe d'Orléans cherchait à s'assurer la succession du trône, en cas de mort prématurée du jeune Louis XV. Le Régent créa, en outre, une Chambre de justice, ou Chambre ardente, chargée de juger ceux qui s'étaient enrichis aux dépens de l'État, et ouvrit les portes des prisons aux protestants et aux jansénistes

△ **Le Conseil de régence pendant la minorité de Louis XV.** Le Régent, assis devant la cheminée, préside la séance, assisté des princes du sang, des ducs et pairs et maréchaux de France. On remarque, à droite, le futur cardinal Fleury. Lorsqu'il eut dix ans, le petit roi assista aux conseils. La polysynodie, par laquelle Philippe d'Orléans avait voulu remplacer les ministres, se révéla à l'usage tout à fait inefficace, et le Régent dut dès 1718 rétablir les ministres. Musée national du château de Versailles. *Phot. Lauros-Giraudon.*

La réception de Cornelis Hop, ambassadeur des Pays-Bas, à la cour de Louis XV, le 24 juillet 1719. Dès 1716, le Régent prit le contre-pied de la politique extérieure de Louis XIV. En renversant les alliances de la France et en se rapprochant de l'Angleterre, à l'instigation de Dubois, Philippe d'Orléans espérait contenir les ambitions du roi d'Espagne. Mais la diplomatie aventureuse du Régent ne se solda que par des résultats décevants. Peinture de Louis-Michel Dumesnil. Rijksmuseum, Amsterdam. *Phot. du musée.* ▷

injustement incarcérés pendant le règne de Louis XIV.

Le régime de la polysynodie n'était pas destiné à durer. Déjà la nomination des conseillers avait provoqué de violentes compétitions dans l'aristocratie. Puis les réunions des conseils se perdirent dans d'obscures querelles de préséance et il devenait évident que ce ministère à cent têtes ne pouvait faire œuvre utile. Dès août 1718, l'abbé Dubois condamna ces « rêveries » fénelonniennes et on cessa de réunir les conseils. Le Régent fut obligé de revenir à l'organisation administrative du règne de Louis XIV et rétablit les ministres. De même, il fut contraint de faire preuve d'autorité à l'égard du parlement, trop turbulent, et dut en 1720 l'exiler à Pontoise.

Le renversement des alliances. Le Régent avait aussi compris qu'après tant d'années de guerre le pays avait besoin de paix. Craignant les ambitions de Philippe V d'Espagne, qui, malgré les traités, n'avait pas renoncé à ses droits sur la couronne de France, il se tourna vers l'Angleterre, dont il appréciait le régime et les idées. Sur son ordre, l'abbé Dubois — « un coquin », selon le vindicatif Saint-Simon — alla négocier avec Stanhope, le ministre du roi George, une alliance à laquelle adhérèrent peu après la Hollande et l'Autriche.

Cette volte-face diplomatique ne pouvait plaire à l'Espagne. Pour contrecarrer le Régent, l'ambassadeur de Philippe V, le prince de Cellamare, chercha des appuis en France. Il les trouva au château de Sceaux, chez le duc et la duchesse du

△ **La duchesse du Maine.**
Au château de Sceaux, le duc du Maine, fils légitimé de Louis XIV, indigné d'avoir été évincé de la Régence, et la duchesse, petite-fille du Grand Condé, très fière de ses origines et, elle aussi, blessée dans ses ambitions, s'entendirent avec le prince de Cellamare, ambassadeur de Philippe V d'Espagne, pour fomenter un complot contre le duc d'Orléans. Celui-ci devait être enlevé, la régence confiée au roi d'Espagne, qui transmettrait ses pouvoirs au duc du Maine. Mais Dubois fut mis au courant de la conspiration et agit rapidement. Peinture de François de Troy. Musée de l'Île-de-France, Sceaux.
Phot. Lauros-Giraudon.

Maine. Petite-fille du Grand Condé, cette princesse — qu'on surnommait « la poupée du sang » en raison de sa petite taille et de ses idées puériles — était encore ulcérée de l'affront qu'avait subi son mari, évincé par le parlement lors de l'ouverture du testament de Louis XIV. Un complot fut mis sur pied à Sceaux, en 1718, pour enlever le duc d'Orléans et confier la régence à Philippe V, lequel déléguerait ses pouvoirs au duc du Maine. Mais l'affaire fut éventée par Dubois, les conjurés embastillés et le prince de Cellamare prié de regagner Madrid.

Ces événements n'apaisèrent évidemment pas la tension franco-espagnole. La guerre devint inévitable. Tandis que l'Espagne ouvrait les hostilités contre l'Autriche, une armée française, commandée par le maréchal de Berwick, vétéran des armées de Louis XIV, passait la Bidassoa. L'Espagne dut subir une succession ininterrompue de revers : incendie des arsenaux de Pasajes et de Santona, prises

△ **Le camp de l'armée française entre Saint-Sébastien et Fontarabie en 1719.** Les troupes françaises passèrent en avril 1719 en Espagne, où elles ne rencontrèrent aucune résistance. Quelques mois plus tard, le gouvernement espagnol amorça des négociations de paix. Peinture de J. B. Martin, dit « des Batailles ». Musée historique lorrain, Nancy.
Phot. G. Dagli Orti.

de Fontarabie et de Saint-Sébastien. Philippe V demanda peu après la paix et adhéra à la Quadruple-Alliance. Pour sceller la réconciliation, il fut décidé que Louis XV épouserait l'infante Marie-Anne Victoire, alors âgée de trois ans et dont l'éducation se ferait en France. Saint-Simon alla chercher à Madrid la fillette, que le petit roi accueillit avec une totale indifférence. Louis XV était un enfant renfermé et secret, qui témoignait d'ailleurs beaucoup d'affection à son oncle. Après avoir été élevé avec sollicitude par sa gouvernante, Mme de Ventadour, qui avait su le garder en vie malgré une santé fragile, il avait été confié en 1717 au vieux maréchal de Villeroy. Le petit roi appréciait mal les remontrances de ce courtisan vaniteux, qu'il surnommait « le vieux radoteur ». Quant à son éducation, elle était assurée par le futur cardinal de Fleury, qui, malgré les accusations de mollesse et d'incompétence portées contre lui par Saint-Simon et Voltaire, sut donner à son royal élève de

Louis XV enfant et son précepteur Fleury (à gauche). Les cahiers de devoirs du jeune roi, conservés à la Bibliothèque nationale, prouvent que l'ancien évêque de Fréjus avait tenu à inculquer à son élève de bons principes de gouvernement. Louis XV conserva toujours beaucoup d'affection pour cet homme aimable et indulgent. Dessin original des *Études de Louis XV*. B. N.
Phot. Lauros-Giraudon.

◁ **Louis XV et l'infante d'Espagne Marie-Anne Victoire.** Lors du pacte d'alliance signé en 1721 entre les Bourbons de France et ceux d'Espagne, il fut convenu que Louis XV épouserait l'infante Marie-Anne Victoire, fille de Philippe V. Un an plus tard, la petite fille fit son entrée à Paris en grand apparat et fut conduite au Vieux Louvre, où elle devait résider. Mais Louis XV ne manifesta jamais d'intérêt pour cette petite poupée, qu'il aurait dû épouser dix ans plus tard. Peinture de Jean-François de Troy. Palais Pitti, Florence.
Phot. Artephot-Nimatallah.

◁ **Planche de l'*Encyclopédie* représentant la frappe des monnaies.** Les guerres menées par Louis XIV pendant son règne avaient lourdement touché les finances publiques. Certains conseillaient au Régent de déclarer la banqueroute, d'autres réclamaient le recours à un crédit neuf. En fait, Philippe d'Orléans ne tenta d'abord que de vieux expédients bien insuffisants : la refonte des monnaies et la réduction des rentes.
Phot. Giraudon.

bonnes connaissances en latin, grammaire, géographie et mathématiques.

Une économie en détresse. Les questions diplomatiques semblaient moins difficiles à résoudre que les problèmes financiers, dramatiques à la suite des dépenses énormes engagées par Louis XIV à la fin de son règne pour la défense du territoire. La dette publique de trois milliards de livres représentait près du tiers de la fortune nationale de la France, sans oublier les 86 millions qui étaient annuellement nécessaires pour en couvrir les intérêts. En regard de ces chiffres, celui du budget des recettes du royaume — 75 mil-

△ **Le supplice de Jean-François Gruet.** Cet inspecteur de police, préposé au recouvrement de la capitation, fut condamné en 1716 pour prévarication et concussion. Il fut exposé pendant trois jours au pilori devant une église de Paris. B. N.
Phot. Larousse.

lions de livres — apparaissait comme d'autant plus dérisoire que le budget des dépenses atteignait 140 millions de livres. Seules des mesures énergiques pouvaient encore éviter une catastrophe et le recours à la banqueroute. Conseillé par deux banquiers, les frères Pâris, le Régent résolut de frapper fort et vite, et cela par trois moyens : le « visa », la refonte des monnaies et la poursuite sans pitié des plus importants trafiquants qui, de notoriété publique, avaient largement contribué à appauvrir le Trésor. Le « visa » obligeait les détenteurs de titres à les faire viser par l'État, qui leur en remettait d'autres en échange. Il en fut déclaré pour 600 millions, que l'État remplaça par des titres nouveaux d'une valeur totale de 200 millions. La dette se trouvait ainsi réduite de 400 millions. Dans le même temps, la monnaie fut « refondue » à la suite d'une réévaluation de l'or. Enfin, la Chambre ardente, installée aux Grands Augustins, constituée par trente conseillers au parlement de Paris, fut instituée pour examiner l'origine des fortunes réalisées durant les guerres. Fonctionnant plus de douze mois, elle prononça 1 500 condamnations. Certains trafiquants, outre de fortes amendes, furent envoyés à vie sur les galères du roi, d'autres exposés en chemise au pilori, devant Notre-Dame de Paris ou à la Grande Halle. Un écriteau, portant en gros caractères « voleur du peuple », attaché sur leur poitrine, excitait contre eux la haine et la colère de la foule.

Les condamnations avaient porté sur la restitution à l'État de 200 millions de livres. Cependant, 70 millions seulement purent être récupérés, dont 15 à peine regagnèrent réellement les caisses du Trésor. Cette énorme opération se soldait en somme par un échec. Dès 1718, le Régent renonçait à la Chambre ardente, rétablissant le contrôleur général des Finances et les quatre secrétaires d'État. L'argent manquait tou-

◁ **Après la Chambre de justice tenue en 1716, un trafiquant est arrêté.** Les mesures sévères prises par la Chambre ardente contentèrent l'opinion publique, ravie de voir punir les gros financiers qu'elle détestait. Elle accueillit en particulier avec joie l'arrestation du richissime Poisson de Bourvalais, auquel on confisqua son hôtel de la place Vendôme et son château de Champs. B. N.
Phot. Bulloz.

△ **Vue du vieux port de Toulon.** Le détail de ce tableau montre des prisonniers partant pour les galères. Beaucoup de banquiers, de fermiers généraux et de fournisseurs aux armées échappèrent aux poursuites et l'opération de la Chambre de justice fut plus spectaculaire qu'efficace. Peinture de Claude-Joseph Vernet. Musée de la Marine, Paris.
Phot. G. Dagli Orti.

jours aussi cruellement ; la dette publique avait à peine diminué d'un tiers.

Le « système de Law ». Il devenait clair qu'il n'y avait qu'une seule solution, le recours au crédit. C'est alors qu'apparut celui que Saint-Simon appela « l'homme de la situation », l'Écossais John Law. Après avoir étudié les systèmes bancaires de Londres et d'Amsterdam, cet économiste imaginatif, aux idées très neuves, avait démontré dans ses *Considérations sur le numéraire et le commerce* l'avantage des billets de banque sur le numéraire, dont la quantité était d'ailleurs insuffisante en France. « La monnaie, écrivait-il, est dans un État ce que le sang est au corps humain ; sans l'un, on ne saurait vivre, sans l'autre, on ne saurait agir. La circulation est nécessaire à l'un comme à l'autre. » Law proposait donc la création d'une banque émettant du papier-monnaie que les particuliers pourraient obtenir en échange de leur or et de leur argent. Il serait possible de fabriquer plus de billets de banque que d'argent détenu dans les caisses de la banque. De plus, Law suggérait que l'État se charge de la création de compagnies de commerce chargées de faire fructifier l'argent confié à ses soins, ce qui lui permettrait de rembourser ses dettes.

L'originalité des thèses de Law séduisit le Régent qui, malgré les réserves de Noailles, chargé des Finances du royaume, donna en mai 1716 l'autorisation à l'économiste écossais de créer une banque privée au capital de 6 millions de livres — réparties en 1 200 actions de 5 000 livres — et qui reçut le privilège d'émettre des billets, gagés sur une faible encaisse métallique. Ces billets pourraient être acceptés en paiement des impositions. Ils serviraient, par ailleurs, à accroître la circulation monétaire, donc à stimuler l'économie. Le papier-monnaie fut très vite adopté par le public et, en décembre 1718, la Banque générale, qui était encore une banque privée, devint Banque royale. La planche à billets continua à fonctionner et, en trois mois, 71 millions de billets furent émis.

△ **John Law.** Ce fils d'un orfèvre d'Édimbourg s'était intéressé de près aux différents systèmes monétaires européens et en avait retiré la conviction que la richesse d'un pays dépendait de l'abondance et de la rapidité de circulation de la monnaie. Son « système » enthousiasma les Français, qui prononçaient alors son nom « Lass » (sans doute parce que, lorsqu'il signait un papier, le W de son nom ressemblait à deux S). Peinture attribuée à Alexis-Siméon Belle. National Portrait Gallery, Londres.
Phot. Fleming.

Gravure de propagande ▷ pour la Compagnie des Indes montrant le port de Mississippi (La Nouvelle-Orléans). Pour frapper l'imagination des souscripteurs d'actions, l'artiste a montré une ville fortifiée, l'animation d'un port où abordent de beaux navires et des indigènes évangélisés par le clergé catholique. D'autres gravures « publicitaires » montraient le bonheur des nouveaux colons vivant dans l'opulence et servis par de dociles femmes Natchez.
B. N.
Phot. Lauros-Giraudon.

Entre-temps, Law avait fondé la Compagnie d'Occident et du Mississippi, pour la mise en valeur des colonies, en particulier la Louisiane, le Canada, les Antilles et le Sénégal. Bientôt, toutes ces compagnies commerciales fusionnèrent dans la Compagnie des Indes. Le capital nécessaire à ces entreprises fut divisé en actions. Pour attirer les souscripteurs, on distribua des gravures enchanteresses sur cette Louisiane où se trouvaient, affirmait-on, des montagnes d'or et des rochers de pierres précieuses. Comme mesure de propagande, on promena à travers Paris des bons sauvages tatoués et emplumés, et Law fit circuler à travers la capitale des voitures fermées censées être remplies de l'or du Mississippi. Pour peupler les rives du grand fleuve, des colons furent recrutés, choisis le plus souvent parmi les repris de justice et les filles de joie. Déjà, près d'un

△ **Embarquement des Français pour l'île de Cayenne au port de Rochefort.** Pour peupler les terres du Nouveau Monde, on enrôla de gré ou de force des colons, dont les premiers arrivèrent à l'embouchure du Mississippi en mai 1718. Moins d'un an plus tard, le premier convoi de femmes fut embarqué à Rochefort à destination de La Nouvelle-Orléans. L'odyssée de ces filles de joie déportées dans les lointaines solitudes de la Louisiane fournit à l'abbé Prévost l'inspiration d'un des plus remarquables romans du XVIIIe siècle, *Manon Lescaut*. Musée des Arts africains et océaniens, Paris. *Phot. G. Dagli Orti.*

millier de Français avaient débarqué dans la région nommée, en hommage au Régent, La Nouvelle-Orléans.

La rue Quincampoix. Le succès remporté par les initiatives de Law ne pouvait que susciter des jalousies. Avec l'appui du président du Conseil des finances, d'Argenson, les fameux banquiers Pâris créèrent une compagnie rivale à laquelle on donna

△ **Change des billets de banque à l'hôtel des Monnaies de Rennes en 1720.** Lorsqu'en 1720 le bruit se répandit qu'il n'y avait pas d'or au Mississippi et que le prix des actions commença à baisser, le « système » de Law s'effondra en quelques semaines, ce qui provoqua la panique. Aquarelle de Jean-François Huguet. Musée de Bretagne de Rennes. *Archives Larousse.*

par plaisanterie le sobriquet d'« Antisystème ». Mais l'ascension de Law ne semblait pas pouvoir être remise en question.

La rue Quincampoix. Cette rue étroite était située dans le quartier des changeurs et des usuriers. C'est là que Law installa sa banque. Les gens de toute condition qui s'y pressaient pour acheter des actions étaient si nombreux qu'on fut obligé de fermer la rue toutes les nuits à chaque extrémité par des grilles de fer. Un petit bossu gagna, dit-on, une fortune en offrant son dos comme pupitre aux spéculateurs superstitieux. Lorsque la banque dut suspendre ses remboursements, de véritables émeutes éclatèrent dans la rue Quincampoix et il y eut plusieurs morts. Gravure d'Antoine Humblot. B. N.
Phot. Giraudon.

Le succès des actions émises par sa banque ne cessait de croître. De haut en bas de l'échelle sociale, chacun souhaitait en acquérir. Leur prix monta : de 500 livres, elles passèrent à 18 000. Les transactions se faisaient en plein air, dans l'étroite rue Quincampoix, aux portes de la banque. On achetait pour revendre et pour acheter encore. L'agiotage fut effréné : gueux et seigneurs, laquais et financiers tentaient leur chance et se remplissaient les poches. Un cireur de bottes se fit, dit-on, 40 millions en une journée. Les femmes vendaient leurs bijoux pour acquérir des actions. « Law, raconte Saint-Simon, assiégé chez lui par des suppliants et des soupirants, voyait forcer sa porte, entrer du jardin par ses fenêtres, tomber dans son cabinet par sa cheminée. On ne parlait que par millions. »

Pour satisfaire le public, de nouvelles actions furent créées, tandis que continuait l'inflation des billets. En même temps, Law se faisait adjuger le monopole du tabac, la concession de la refonte et de la fabrication des monnaies. Il fut chargé du recrutement des impôts. En janvier 1720, on le nomma contrôleur général des Finances, puis superintendant.

L'édifice cependant n'était guère solide. Les quelque trois milliards de billets mis en circulation valaient environ six fois le numéraire existant en France. Les actions trop gonflées ne donnaient plus qu'un médiocre dividende. Les gens avisés s'inquiétèrent et vendirent leurs actions. On vit le prince de Conti et le duc de Bourbon sortir de la banque avec des voitures pleines de métal. Du coup le vent tourna : les porteurs d'actions et les possesseurs de billets voulurent être remboursés immédiatement en or et en argent. On fit la queue devant les guichets. La panique grandit, des femmes furent piétinées. La baisse prit alors une allure vertigineuse. La banque dut suspendre ses remboursements et finalement ferma ses portes. Quantité d'actionnaires furent ruinés. Quant à Law, il dut s'enfuir à l'étranger sans un sou vaillant. La liquidation de l'affaire fut confiée à une commission à la tête de laquelle étaient les frères Pâris, ennemis jurés de l'Écossais.

Le bilan du « système ». Cette faillite éclatante, qui secoua le pays, eut comme conséquence d'amener les Français à se méfier du papier-monnaie et de toutes les opérations bancaires. Ce « système de Law » n'eut pas que des résultats malheureux. Il permit à l'État d'éponger une partie de sa dette et donna une impulsion nouvelle au commerce maritime et à l'industrie. Bordeaux, Nantes, Le Havre, Lorient conservèrent pendant tout le XVIIIe siècle — et même après — l'essor subit qu'il leur avait donné. Dans le même temps, la vente libre des sucres que Law avait intro-

1715-1723 LA RÉGENCE, 15

duite aux Antilles fut, pour les planteurs, l'origine d'une extraordinaire prospérité, tandis que la Compagnie des Indes devenait l'un des plus importants centres d'affaires du monde capitaliste en gestation. En quelques années, le mouvement commercial avec les Antilles doubla. Il nécessita bientôt de 500 à 600 grands navires. Entre les premiers succès de Law et la fin de la Régence, la marine française quadrupla. Des commerces du sucre s'installèrent à La Rochelle, à Marseille, à Nantes, à Angers, à Bordeaux. Les bénéfices que la France retira des Antilles dépassèrent ceux que procurèrent à l'Espagne les mines du Pérou. À Cayenne et à la Martinique, la culture du café prit une grande extension et fournit à la France matière à une large exportation. La mise en valeur de la Louisiane fut entreprise, la culture du sucre et du café y fut introduite malgré le petit

△ **Vue du port de Marseille (détail).** La Compagnie des Indes prospéra malgré la faillite de Law, car ce dernier avait donné au commerce extérieur une impulsion irréversible. Tous les ports français bénéficièrent de ces nouvelles sources de richesse et celui de Marseille, qui assurait le trafic avec le Levant, fut très vite trop petit. Peinture de Claude-Joseph Vernet. Musée de la Marine, Paris.
Phot. G. Dagli Orti.

Vue du vieux port de ▷ Toulon (détail). Ces riches commerçants examinent les cargaisons venues de lointains pays. Les armateurs de Bordeaux et de Nantes purent édifier de grandes fortunes en faisant le trafic du sucre, produit par les grandes plantations des Antilles et revendu fort cher en Europe. Peinture de Claude-Joseph Vernet. Musée de la Marine, Paris.
Phot. G. Dagli Orti.

nombre de colons (5 000, disposant, il est vrai, de 3 000 esclaves noirs). Parallèlement, aux Indes, les établissements français connurent une prospérité nouvelle. Pondichéry, agrandie, devint un centre important de trafic international. De nouveaux comptoirs furent fondés à Karikal et à Chandernagor. Seul le Canada qui, en dehors de quelques fourrures, ne produisait pas de denrées exportables, resta à l'abandon.

La France de la Régence. Les Français avaient d'autres soucis que les déboires des spéculateurs. En 1720, après l'accostage d'un bateau venu de Syrie, une grave épidémie de peste frappa Marseille, gagnant ensuite Toulon et le sud du pays, jusqu'à Toulouse et jusqu'au Limousin. Peu après, un terrible incendie ravagea Rennes, faisant près de mille victimes.

À cette époque, la vie était souvent difficile pour les citadins. Le nombre des mendiants augmentait, la criminalité était en hausse. Le bandit Cartouche faisait des

La Peste à Marseille (détail). Le fléau se déclara dans la ville, apporté par les marins d'un navire de coton en provenance de Syrie. Très vite, l'épidémie, favorisée par la chaleur de l'été, se propagea dans tous les quartiers de Marseille. L'évêque de la ville, Mgr de Belzunce, se dévoua sans compter pour soigner les malades et pour encourager les forçats chargés de ramasser les cadavres jetés des maisons dans la rue. Il y eut environ 40 000 victimes à Marseille. Peinture de Michel Serre. Musée Atger, Montpellier.
Phot. G. Dagli Orti.

◁ **Une ferme coloniale aux Antilles.** L'essor colonial eut pour conséquence le développement de la traite des Noirs, main-d'œuvre indispensable pour l'exploitation des plantations. De nombreux commerçants tirèrent de substantiels bénéfices du « trafic triangulaire » : leurs bateaux, en échange de pacotille, obtenaient en Afrique le précieux « bois d'ébène » (les esclaves noirs), qui était revendu en Amérique contre les produits coloniaux. Gravure de l'*Histoire des Antilles* de P. Labat. B. N.
Phot. Lauros-Giraudon.

◁ **Le régent Philippe d'Orléans et Louis XV dans l'appartement du Grand Dauphin, à Versailles, en 1723.** Les relations entre le petit roi et son oncle furent toujours affectueuses, et le Régent, malgré son cynisme et son libertinage, eut le souci de donner à l'enfant une éducation conforme à sa dignité. Musée national du château de Versailles.
Phot. G. Dagli Orti.

émules. Si de nombreux bourgeois réussissaient à s'enrichir, la plupart des ouvriers et des artisans souffraient de la montée des prix qui avait coïncidé avec la fièvre des spéculations. Dans les campagnes, le genre de vie des paysans variait selon la fertilité du sol et selon leurs conditions de fermiers, de métayers ou de simples ouvriers agricoles, mais, dans l'ensemble, à peine un tiers des agriculteurs vivaient dans une certaine aisance. Les trois quarts de la population rurale ne savaient ni lire ni écrire. Les miséreux s'indignaient du luxe des privilégiés, et surtout des débauches de la Cour. Les « orgies » du Palais-Royal faisaient jaser, souvent amplifiées par la

rumeur publique. La licence des mœurs était à la mode, l'athéisme passait pour une élégance de l'esprit. L'exemple donné en haut gagnait les couches moins élevées de la société.

L'irrespect grandissant, libelles et pamphlets se multipliaient, en vers ou en prose, contre les gens au pouvoir. Les critiques étaient acerbes. Le chef-d'œuvre de la satire fut atteint par Montesquieu dans ses *Lettres persanes,* parues en 1721 à Amsterdam, sans nom d'auteur. À cette même époque, l'abbé Prévost écrivait l'histoire de *Manon Lescaut,* envoyée contre son gré en Louisiane, victime de la colonisation forcée, et Voltaire publiait *la Henriade* (1723), sous le titre de *Poème de la Ligue,* après avoir connu un grand succès avec sa tragédie *Œdipe.*

Dans le domaine des arts, Largillière et Rigaud se trouvaient toujours au faîte de la gloire, mais Watteau, le peintre des « fêtes galantes », avait rompu avec la sévérité du grand siècle, en attendant un Lancret ou un Boucher. Un goût plus souple se marquait alors dans les intérieurs. Le mobilier s'allégeait dans les boudoirs, qui s'ornaient de « singeries » et de « chinoiseries ». Quelques grands collectionneurs, comme Pierre Crozat, encourageaient les artistes. Parmi les mécènes se trouvait le Régent lui-même, qui avait réuni au Palais-Royal d'éblouissantes galeries de tableaux.

La fin de la Régence. En 1722, las des critiques que lui valait à Paris la faillite de Law, le duc d'Orléans décida de transporter la Cour à Versailles : ce départ enchanta Louis XV. Le jeune roi était toujours en excellents termes avec son oncle, dont il sentait l'affection. Dès l'âge de dix ans, il avait été invité à assister au Conseil de régence. Le 25 octobre 1722, l'enfant royal alla, selon la tradition, se faire sacrer solennellement à Reims. Fort beau dans son costume de satin blanc et son manteau de velours violet, Louis le Bien-Aimé méritait le surnom qui lui était donné. Quelques mois plus tard, le 16 février 1723, sa majorité était proclamée.

Un roi de treize ans ne pouvait gouverner : il pria son oncle de continuer à mener les affaires du royaume. Au Conseil de régence fut simplement substitué le Conseil d'en haut, et Dubois, créé cardinal en raison des services rendus au Régent, fut officiellement confirmé dans sa charge de Premier ministre. Le nouveau cardinal était alors gravement malade : il mourut au mois d'août suivant (1723) et le duc d'Orléans prit à son tour le titre de Premier ministre.

L'ex-Régent se sentait pourtant lui-même très las. Il avait beaucoup vécu et continuait, malgré trois attaques d'apoplexie successives, à mener joyeuse vie — ce qui ne l'empêchait pas de travailler avec acharnement aux affaires de l'État. La mort le prit brutalement, le 2 décembre 1723, dans son cabinet de Versailles, en présence de son amie, la duchesse de Falari. Il fut sincèrement regretté par le roi, ainsi que par les cours étrangères qui avaient admiré son esprit de conciliation et sa clairvoyance. Avec la disparition du Régent, une époque était terminée et le règne de Louis XV commençait véritablement.

◁ **Le roi Louis XV sort de la cathédrale de Reims après son sacre.** La cérémonie, qui fut célébrée avec un faste inouï, fut l'occasion pour le peuple français de manifester son attachement à son jeune roi. Peinture de Pierre-Denis Martin. Musée national du château de Versailles.
Phot. Hubert Josse.

△ **Le lit de justice tenu au parlement à la majorité de Louis XV.** Le roi était officiellement déclaré majeur, mais il invita son oncle à continuer à mener les affaires. Peinture de Nicolas Lancret. Musée du Louvre, Paris.
Phot. Lauros-Giraudon.

Page suivante :
Une fête. ▷ Comme Watteau, Lancret sut exprimer sur ses toiles l'atmosphère vaporeuse et voluptueuse des « fêtes galantes » qui restent associées au souvenir de la Régence. Cette période, à laquelle on reprocha longtemps sa licence effrénée et son impiété, fut aussi une époque d'intense bouillonnement des idées et vit le début de la prospérité économique en France. Peinture de Nicolas Lancret. Coll. part.
Phot. Bridgeman-Giraudon.

20. 1715-1723 LA RÉGENCE.

1723-1740
Louis XV
le Bien-Aimé

A LA MORT DE SON ONCLE PHILIPPE D'ORLÉANS, le jeune roi avait treize ans et donnait à son peuple l'image de la beauté et de l'élégance. Les Français avaient suivi avec intérêt et tendresse les premières années de ce petit prince devenu leur souverain à l'âge de cinq ans. Le moindre de ses caprices ou de ses mots d'esprit avait été commenté avec admiration, mais nul, dans l'entourage du jeune Louis, ne s'était apparemment préoccupé de l'isolement profond de l'enfant, privé tout jeune de ses parents et élevé uniquement par des vieillards plus occupés à aduler leur élève qu'à le préparer véritablement à ses devoirs de roi. Louis XV possédait une intelligence lucide et, malgré les reproches qui purent être portés contre son précepteur Fleury, il avait reçu une éducation suffisante pour lui laisser une bonne culture générale. Son impétuosité naturelle et sa courtoisie pleine de charme faisaient place par moment à de longues périodes de tristesse qui se traduisirent, pendant son règne, par des phases de découragement et de fatigue, pendant lesquelles le souverain laissait gouverner son entourage. Son caractère secret, ses bizarreries d'humeur contribueront à transformer le séduisant jeune homme en un monarque énigmatique.

Mais, en 1723, Louis XV était encore un adolescent plein de fougue dont l'occupation favorite, comme pour tous les Bourbons, était la chasse. Lors de son sacre à Reims en 1722, sa belle prestance physique, le charme indéniable de son visage éclairé par des yeux splendides avaient été acclamés par les Français, fort sensibles à la jeunesse radieuse de leur roi, qui semblait porter tous les espoirs de renouveau.

Cependant, à sa majorité, l'année suivante, il était encore bien trop inexpérimenté pour gouverner par lui-même et la mort de son oncle le privait de tout soutien familial. Sur les conseils de Fleury, Louis XV choisit pour Premier ministre l'arrière-petit-fils du Grand Condé, le duc de Bourbon.

Âgé de trente et un ans, Monsieur le duc, borgne et d'une maigreur osseuse qui le faisait comparer à un échassier, n'avait pas la réputation de posséder une grande intelligence. Il était en fait entièrement dominé par sa maîtresse, Mme de Prie, spirituelle et ambitieuse, qui, par personne interposée, disposa à son gré des hommes et des choses, ce qui fit dire que la France était conduite « par un cheval borgne et une jument de prix ». Mme de Prie obtint que le banquier Pâris-Duverney fût chargé des finances. Ces dernières étaient toujours aussi désastreuses et Pâris-Duverney tenta, par une série de mesures énergiques, mais guère suivies d'effet, de réduire les dépenses inutiles et d'organiser de nouvelles rentrées d'argent. À deux reprises, il changea le cours de la monnaie et taxa les marchandises. Pour lutter contre une mendicité envahissante, qui déboucha à plusieurs reprises sur des émeutes provoquées par des périodes de disette, il tenta de l'interdire en menaçant les mendiants des galères. Il reconstitua aussi une milice recrutée par tirage au sort parmi les célibataires de 16 à 40 ans et destinée à constituer une armée de réserve.

◁ **En 1724, Louis XV remet l'ordre du Saint-Esprit dans la chapelle de Versailles.** Devenu majeur, Louis XV commença d'assumer les différentes charges de sa fonction, mais il ne pouvait encore prendre une part active aux affaires du pays et ce furent le duc de Bourbon, puis le cardinal de Fleury qui exercèrent le pouvoir en son nom. Peinture de Nicolas Lancret. Musée du Louvre, Paris.
Phot. G. Dagli Orti.

Alors que le Régent avait songé à rétablir l'Édit de Nantes, le duc de Bourbon, à l'instigation de plusieurs prélats dont M. de Tressan, évêque de Nantes, redonna vigueur aux mesures rigoureuses prises par Louis XIV contre les protestants. En mai 1724, une déclaration obligea ces derniers à faire baptiser leurs enfants à l'église, interdit les réunions cultuelles clandestines et rétablit les peines de mort et de galère pour les hérétiques. On vit renaître en Languedoc et en Dauphiné des scènes de persécution et de nouvelles émigrations se produisirent vers la Prusse et la Hollande.

Marie Leszczynska. La grande affaire du court ministère du duc de Bourbon fut la réalisation du mariage de Louis XV. Une grave maladie de ce dernier en 1725 donna de nouvelles inquiétudes pour la succession du trône de France. Une fois le jeune homme rétabli, on décida de le marier au plus vite pour qu'il puisse donner un héritier à la Couronne. En fait, depuis 1722, il était fiancé à l'infante Marie-Anne Victoire qui avait été conduite à Versailles et pour laquelle l'adolescent n'avait que la plus grande indifférence. La petite fiancée n'avait en 1725 que sept ans et il ne pouvait pour l'instant être question de mariage. Aussi le duc de Bourbon, sur les conseils de Mᵐᵉ de Prie, décida-t-il de renvoyer en Espagne l'infante et se préoccupa-t-il de trouver une jeune princesse apte à devenir reine de France.

Le secrétaire d'État, Morville, se mit alors à la tâche pour établir la liste de prétendantes répertoriées selon leur âge, leur santé et leurs qualités physiques. Quatre-vingt-dix-neuf princesses furent en un premier temps retenues, puis, d'élimination

La France de Fleury

△ **Le duc de Bourbon.** Le peintre a manifestement atténué la laideur proverbiale de Monsieur le duc, que la princesse Palatine comparait à une cigogne. Sa maîtresse, Mᵐᵉ de Prie, aussi spirituelle que dépravée, avait sur lui un ascendant considérable et mena à sa guise la politique française pendant trois ans. Peinture de Pierre Gobert. Musée Condé, Chantilly.
Phot. Lauros-Giraudon.

Louis XV en costume de chasse. ▷ Le principal souci de Monsieur le duc fut de marier très vite le jeune roi pour assurer la naissance d'un dauphin. Peinture de Jean-Baptiste Oudry. Fribourg, musée d'Art et d'Histoire.
Archives I. R. L.

en élimination, la liste fut bientôt réduite à quelques noms. Monsieur le duc aurait aimé une alliance anglaise en choisissant la fille aînée du prince de Galles, mais elle était protestante. La tsarevna Élisabeth, fille de Catherine de Russie, fut écartée à cause de l'ivrognerie de son père et de son caractère trop affirmé. On pensa aussi à Mlle de Vermandois, propre sœur du duc de Bourbon, mais celle-ci, retirée dans un couvent, refusa de devenir reine de France. Mme de Prie, qui désirait surtout trouver une princesse suffisamment effacée pour ne pas lui porter ombrage, fit pencher la décision de son amant en faveur de la fille de Stanislas Leszczynski, roi de Pologne détrôné.

Marie Leszczynska vivait alors avec sa famille dans une modeste maison de Wissembourg où l'ancien roi de Pologne végétait dans la médiocrité. Pas très jolie, douce et très pieuse, la jeune fille avait alors vingt-deux ans, soit sept ans de plus que son royal fiancé. Malgré les railleries qui accueillirent à la Cour l'annonce de ce mariage sans prestige, les Français réservèrent un accueil enthousiaste à la petite princesse polonaise lors de son mariage par procuration dans la cathédrale de Strasbourg le 15 août 1725. Les aumônes que Marie Leszczynska ne cessa de

◁ **Marie Leszczynska.** La fille du roi de Pologne n'était sans doute pas un parti très brillant pour le roi de France, mais sa modestie sembla de bon augure à Mme de Prie, désireuse de garder son crédit à la Cour. Peinture de Jean-Marc Nattier. Musée Cognacq-Jay, Paris.
Phot. Lauros-Giraudon.

La naissance du Dauphin, fils de Louis XV, le 4 septembre 1729. ▷ Venu après trois filles, le premier fils du couple royal assurait enfin la succession du trône de France. Il devait en fait mourir en 1765 sans avoir régné. B. N., Paris.
Phot. Tallandier.

distribuer tout au long de son voyage contribuèrent aussi à lui attacher le cœur de ses futurs sujets. Le 4 septembre, Marie rencontra près de Fontainebleau son futur mari et, le lendemain, le mariage était célébré dans la chapelle du château dans une liesse de conte de fées. La jeune princesse avait été éblouie par la beauté de Louis XV et celui-ci se montrait sincèrement très empressé auprès de cette épouse que la raison d'État lui imposait. D'ailleurs, les premières années de leur mariage furent heureuses et la fécondité de Marie Leszczynska répondit aux attentes des Français : après avoir accouché de deux jumelles en 1727, puis d'une troisième fille en 1728, la reine mit enfin au monde en septembre 1729 le Dauphin tant attendu. Six enfants allaient encore naître dans les années suivantes.

Le cardinal de Fleury. Le « mariage polonais » fut la dernière action positive de Monsieur le duc. En fait, sa politique, depuis trois ans qu'il gouvernait, mécontentait tout le monde. L'impôt du cinquantième, par lequel il avait remplacé le dixième aboli par le Régent, était fort mal supporté par la noblesse et le clergé, exaspérés de plus par la résurrection de vieilles taxes comme le « don de joyeux avènement » et la « ceinture de la reine ». En 1725, à la suite de violentes pluies qui avaient ruiné les récoltes et de l'augmentation du prix du pain qui avait triplé en moins de six mois, des troubles éclatèrent à Rouen, Rennes et Caen et, à Paris, les boulangeries du faubourg Saint-Antoine furent pillées par les émeutiers. Une maladresse de Monsieur le duc allait précipiter sa chute.

Irrité de ne pouvoir rencontrer le roi seul hors de la présence du conseil, il poussa la reine à intercéder pour lui auprès de son mari. La naïve Marie Leszczynska, qui pensait tout devoir à Monsieur le duc et avait déjà accepté comme dame d'honneur Mme de Prie, soutint ce projet, provoquant l'irritation de Louis XV. Le roi attendit cependant plusieurs mois avant de renvoyer Monsieur le duc par un billet lui intimant sèchement l'ordre de se retirer au château de Chantilly. Mme de Prie fut exilée ainsi que les quatre frères Pâris. Le départ de Monsieur le duc et de sa maîtresse fut accueilli avec joie par les Parisiens et le lieutenant de police dut les empêcher d'allumer des feux de joie.

Un homme se trouvait à l'origine de cette révolution de palais : Fleury, toujours présent, dans l'ombre, près de son ancien élève qui conservait toujours pour lui une grande affection. Cet alerte vieillard de soixante-treize ans, à l'apparence réservée, était doté de beaucoup de souplesse, mais aussi d'une grande ténacité, « un homme superbe et implacable », selon le mot de Saint-Simon. Succédant à Monsieur le duc à la tête des affaires, bientôt nommé cardinal, Fleury se consacra aussitôt à rendre à la France sa prospérité. Jusqu'à sa mort, à quatre-vingt-dix ans, il exerça un pouvoir absolu, sans rechercher les richesses ou la gloire, mais en gouvernant avec prudence et sagesse.

Le rétablissement des finances. Le premier soin de Fleury fut de grouper autour de lui une équipe ministérielle com-

△ **Le chancelier d'Aguesseau.** Ce magistrat, dont Voltaire a salué la science, accomplit une œuvre considérable pour clarifier la législation française et fut le véritable précurseur du Code civil. Peinture de Robert Le Vrac, dit Tournières. Musée des Arts décoratifs, Paris.
Phot. Musée des Arts décoratifs · Sully-Jaulmes.

◁ **Le cardinal de Fleury.** Discret et souriant, l'ancien précepteur de Louis XV sut, à force d'acharnement, conserver le pouvoir jusqu'à sa mort en 1743, ce qui lui valut le surnom de « Son Éternité ». Peinture de François Stiemart. Musée national du château de Versailles.
Phot. Lauros-Giraudon.

Philibert Orry, contrôleur ▷ des Finances en 1730. Fleury sut s'entourer de bons collaborateurs. Le grand souci des deux contrôleurs, Le Peletier des Forts, puis Orry, fut d'abord de stabiliser la monnaie, puis de développer l'expansion économique de la France. Mais l'équilibre du budget réalisé par Orry était cependant très précaire. Pastel de Maurice Quentin de La Tour. Musée du Louvre, Paris.
Phot. Lauros-Giraudon.

pétente : la Guerre fut confiée à Le Blanc, puis, à la mort de ce dernier, à d'Angerviliers. Le jeune Maurepas eut la charge de la Marine, un département particulièrement important, car Fleury avait compris qu'il fallait pouvoir éventuellement disposer d'une flotte efficace face à l'Angleterre. Chauvelin, président à mortier du parlement, remplaça Morville aux Affaires étrangères. Deux contrôleurs généraux gouvernèrent les Finances, Le Peletier des Forts jusqu'en 1730, puis Philibert Orry. Enfin, les Sceaux furent rendus au chancelier d'Aguesseau. Cet expert en jurisprudence s'attacha à l'énorme tâche de refondre les

textes pour unifier une juridiction rendue complexe par la multiplicité des lois et des coutumes. Consultant avec soin tous les parlementaires, d'Aguesseau parvint à codifier en les simplifiant les donations, les testaments ou la tutelle des enfants mineurs.

Avec ces ministres efficaces et laborieux, Fleury s'attacha à redresser la situation économique de la France. Les expériences désastreuses de Law étaient encore présentes à tous les esprits et les perpétuelles variations monétaires accomplies par Pâris-Duverney entraînaient une grande instabilité et l'augmentation des denrées. En effet, la livre, unité monétaire, ne correspondait pas à des pièces en circulation. Les louis d'or ou les écus d'argent recevaient des valeurs variables, selon les décisions du gouvernement. Ainsi le louis, qui valait vingt-quatre livres en février 1724, était-il tombé à quatorze livres en décembre 1725. Fleury et Le Peletier des Forts voulurent redresser la situation en établissant une monnaie stable : un arrêt du Conseil en juin 1726 maintint pour six mois le cours de l'écu à six livres et celui du louis à vingt-quatre livres. Cette mesure prorogée par plusieurs arrêts parvint à établir une stabilité bénéfique et le cours de la monnaie resta invariable jusqu'à la Révolution.

En supprimant le cinquantième, Le Peletier des Forts avait contenté le peuple, mais il se rendit néanmoins impopulaire en rétablissant en août 1726 la Ferme générale des impôts. Ce groupement de banquiers, qui se faisait concéder par l'État le droit de percevoir les impôts indirects moyennant le versement annuel d'une certaine somme d'argent, garantissait pour les finances royales un revenu annuel de quatre-vingts millions. En six ans, tous les fermiers généraux, au nombre d'une quarantaine, parvinrent à réaliser un bénéfice de vingt-quatre millions, grâce à une administration remarquable chargée de faire

◁ **Gravure satirique contre les fermiers généraux.** Le « bail Carlier », qui, en 1726, rétablit la Ferme générale, permettait aux finances royales d'être assurées d'un revenu annuel, mais la mesure déplut fort à l'opinion publique, car les fermiers étaient détestés par le peuple, que leur richesse scandalisait et qui les accusait de tirer des profits malhonnêtes de la levée des impôts. B. N., Paris.
Phot. Tallandier.

Portrait présumé du fermier général de Laage. ▷
Les fermiers, qualifiés par Voltaire de « rois plébéiens », constituaient une oligarchie très puissante. Plusieurs d'entre eux purent s'allier à la noblesse par des mariages. Leur fortune leur permit de jouer un rôle important dans l'épanouissement artistique et littéraire du siècle. Peinture de Nicolas de Largillière. Musée du Louvre, Paris.
Phot. Lauros-Giraudon.

rendre dans les provinces le maximum à l'impôt. Aussi ces grands financiers étaient-ils détestés par l'ensemble des Français pour leur cupidité.

Le successeur de Le Peletier des Forts, Philibert Orry, un « bœuf échappé dans les allées de Versailles », selon d'Argenson, se montra le Colbert du gouvernement Fleury en établissant une comptabilité sévère destinée à proportionner les dépenses et les recettes. Par différents expédients (loteries royales, emprunts en rente viagère), par l'augmentation du bail des fermiers généraux porté à cent millions, il réussit en 1739 à équilibrer le budget, un fait exceptionnel au XVIIIe siècle. En 1733, au moment de la guerre de la Succession de Pologne, il rétablit l'impôt provisoire du dixième perçu sur tous les Français. Mais, malgré la rigueur déployée par Orry, l'équilibre des finances royales resta précaire.

La prospérité économique. Si l'État était pauvre, la France, elle, s'enrichissait grâce à la stabilisation de la monnaie et à la paix qui régna à l'intérieur de ses frontières, puisqu'elle ne connut ni invasion étrangère ni guerre civile. De plus, comme toute l'Europe, le pays profitait de l'afflux de l'or et de l'argent venus du Nouveau Monde. Le développement démographique témoigna de cet essor, car la population française passa d'environ 19 millions d'habitants à la fin de la Régence à 23 ou 24 millions en 1750.

Le mouvement général de hausse des prix profita à l'agriculture qui progressa lentement. Il y eut certes des disettes sous le règne de Louis XV, mais on n'assista plus à ces famines catastrophiques qui, comme en 1709, avaient gravement éprouvé le pays. Grâce à la disparition progressive des techniques archaïques comme la jachère et au recul des servitudes collec-

△ **L'arrivée des nourrices.** De nombreux facteurs entrèrent en ligne de compte pour permettre l'augmentation de la population française au XVIIIe s. : la diminution de la mortalité infantile grâce aux progrès de l'hygiène et la prolongation de l'espérance de vie par l'atténuation progressive des grands fléaux comme les famines ou les épidémies. Peinture d'Étienne Jeaurat. Musée municipal, Laon.
Phot. Lauros-Giraudon.

Un atelier de couture ▷ en Arles. La main-d'œuvre féminine était majoritaire dans l'industrie textile, mais les femmes, à la différence des ouvriers, ne pouvaient appartenir à une corporation et elles gagnaient des salaires inférieurs de moitié à celui des hommes. Peinture d'Antoine Raspal. Musée Réattu, Arles.
Phot. Lauros-Giraudon.

tives, la production agricole connut un accroissement sensible et la condition paysanne s'améliora. Dans le domaine industriel, les innovations qui révolutionnaient la production anglaise avaient encore fort peu pénétré en France et on en était encore à l'époque de l'artisanat. Les règlements qui pesaient sur les artisans regroupés en corporations étaient désuets et les nouvelles mesures adoptées par Orry ne contribuèrent pas à favoriser l'esprit d'innovation : les ouvriers reçurent l'interdiction de se coaliser ou d'émigrer et furent contraints d'observer des règles très strictes dans le détail des fabrications. Beaucoup d'entre eux dépendaient des « fabricants », c'est-à-dire des fournisseurs de travail, qui prenaient les commandes, ramassaient les objets fabriqués en payant un tarif qu'ils fixaient eux-mêmes, puis se chargeaient de les revendre en en tirant un bénéfice substantiel.

L'activité la plus prospère était à cette époque le commerce. À l'intérieur du royaume, les échanges furent favorisés grâce à la création du corps des Ponts et Chaussées, qui élabora un réseau de routes larges et bordées d'arbres admirées par tous les étrangers. La main-d'œuvre était fournie par le système de la corvée royale régularisée par Orry en 1738 et qui imposait aux paysans cinq à six jours de travail par an pour la construction et l'entretien des voies. Le système des péages intérieurs qui entravaient la circulation fut allégé. Quant au commerce extérieur, il profitait de l'impulsion donnée par le système de Law et connut un essor remar-

△ **Le négociant.** On ne peut confondre cet opulent homme d'affaires avec un modeste boutiquier. L'ambition de ces négociants, dont les activités s'exerçaient dans de nombreux domaines, en particulier dans le commerce extérieur, était de pouvoir acheter un titre de noblesse leur permettant de devenir enfin « hommes de qualité ». Gravure de J. Ph. Le Bas. Bibliothèque de l'Arsenal, Paris.
Phot. Lauros-Giraudon.

quable qui se prolongea jusqu'à la fin du XVIIIe siècle. Ce furent surtout les relations avec les colonies, Antilles, Saint-Domingue, la Martinique, la Guadeloupe, qui enrichirent les Français : la traite des esclaves noirs (le « bois d'ébène »), le sucre, le tabac, les bois précieux firent la prospérité de Bordeaux et de Nantes qui devinrent les plus grands ports de la redistribution des denrées coloniales. Ils concurrençaient Marseille, dont les transactions continuaient à se faire traditionnellement avec le Levant auquel on expédiait les draps tissés dans le Languedoc. Les denrées nouvelles, café et cacao, venues des pays exotiques, commençaient à être tellement prisées dans la bonne société qu'elles constituaient une part non négligeable du trafic engagé entre la France et les pays lointains.

Fleury et le jansénisme. Si la politique modérée de Fleury eut de bons résultats pour la vie économique de la France, l'ancien précepteur de Louis XV dut faire

face à l'agitation religieuse des jansénistes, doublée de celle des parlementaires. Le jansénisme, depuis 1640, avait constitué le plus fort mouvement de réaction à l'intérieur de l'Église catholique et ses démêlés avec l'autorité royale avaient été illustrés par une série d'affrontements dont l'expulsion des religieuses de Port-Royal avait constitué l'épisode le plus dramatique. Lorsque, en 1713, le pape, par la bulle *Unigenitus,* condamna les 101 propositions contenues dans l'ouvrage du janséniste Quesnel, Louis XIV avait pensé qu'un terme était mis au jansénisme et les jésuites se réjouirent de voir ainsi écrasée l'« hérésie ».

Le déjeuner. Cette famille est en train de déguster du chocolat. Avec l'argent qu'ils tiraient de la vente des esclaves noirs, les commerçants achetaient des produits coloniaux de luxe, tels le café et le cacao, dont la consommation était encore réservée à des privilégiés. Peinture de François Boucher. Musée du Louvre, Paris.
Phot. Réunion des musées nationaux.

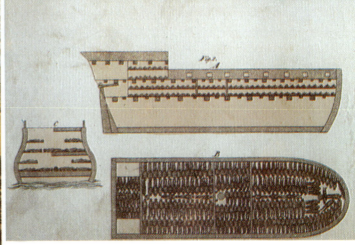

◁ **Vue de la ville et du port de Bordeaux.** Peinture de Joseph Vernet. Musée de la Marine, Paris.
Phot. Réunion des musées nationaux.

△ **Coupe d'un navire négrier.** Les grands négociants français tiraient le maximum de profit de la traite des Noirs, transportés dans des conditions épouvantables d'Afrique jusqu'aux colonies d'Amérique.
Phot. Hubert Josse.

En fait, à partir de cette date, la lutte des jansénistes se confondit avec le gallicanisme qui trouva ses plus puissants appuis dans le parlement et dans une grande partie de l'opinion populaire hostile à l'ultramontanisme. On était alors fort loin de la rigueur religieuse prônée par les solitaires de Port-Royal et le jansénisme était devenu une sorte de parti politique opposé à l'absolutisme monarchique. Du côté du clergé, l'archevêque de Paris, le cardinal de Noailles, et quatre évêques « appelants » seulement s'opposèrent à la décision du pape, mais ils avaient derrière eux de nombreux religieux, les facultés de théologie, le bas clergé ainsi qu'avocats, procureurs, huissiers, gens frondeurs par tempérament et amis des parlementaires. À Paris, même les athées se déclaraient en faveur du jansénisme.

Ami de l'ordre et allié des jésuites, auxquels il devait en partie son élévation, Fleury décida l'application de la bulle *Unigenitus*. Il entreprit de décapiter le parti des opposants. Le vieux cardinal de Noailles étant mort, ce fut un des quatre évêques « appelants », Soanen, évêque de Sens, qui, en 1726, fut mis en interdit par un concile provincial présidé par l'archevêque d'Embrun. La déposition de Soanen intimida les autres « appelants ». Quant aux moines et aux curés favorables au jansénisme, on lança contre eux des lettres de cachet et, à force d'affronts, de délations et de tracasseries, le jansénisme ecclésiastique fut réduit au silence. Pensant avoir enfin découragé le mouvement, Fleury fit signer au roi, en mars 1730, la déclaration confirmant la bulle *Unigenitus* comme loi pour l'Église et l'ensemble du royaume : les querelles théologiques étaient interdites ainsi que les appels comme d'abus des ecclésiastiques contre leurs supérieurs ; tous les écrits jansénistes étaient prohibés.

L'opposition parlementaire. Dès que le texte de la déclaration fut connu, une majorité de parlementaires fit connaître son opposition. Aussi Fleury décida-t-il la tenue d'un lit de justice où, en présence de Louis XV, le parlement dut accepter l'enregistrement de la déclaration. Mais l'affaire était loin d'être terminée et, pendant près de trois ans, on assista à des démêlés héroï-comiques entre l'autorité royale et les parlementaires. Ces derniers étant revenus sur leur acceptation et ayant de nouveau refusé d'enregistrer la déclaration, le roi leur intima l'ordre par lettre de cachet de respecter la décision du lit de justice. S'ensuivit une série de protestations, de mémoires d'avocats en faveur des curés jansénistes et d'arrêts alternés et contradictoires du roi et du parlement. En novembre 1731, poussés par le janséniste abbé Pucelle, cinquante présidents et conseillers s'entassèrent dans quatorze carrosses et galopèrent vers Marly pour obtenir une audience du roi. Peine perdue, car celui-ci refusa de les recevoir dans sa résidence.

△ **Le pape Clément XI.** En publiant la bulle *Unigenitus* qui condamnait le jansénisme, le pape provoqua à long terme une double agitation en France, celle des jansénistes et celle des parlementaires, hostiles par principe à l'ultramontanisme. Plus qu'une querelle théologique, ce fut une véritable fronde contre le pouvoir qui attira les sympathies populaires. Peinture anonyme. National Museum, Stockholm.
Phot. Arch. I. R. L.

Le cardinal de Noailles. ▷ Cet éminent représentant du courant janséniste jouissait d'un grand prestige. Ce mouvement religieux, qui avait des racines aristocratiques, s'étendit au bas clergé et aux ordres religieux qui s'opposaient ainsi à la tutelle des évêques. Soutenu par un certain nombre de ces derniers, Fleury parvint à réduire au silence les prélats « appelants » et à faire accepter aux parlementaires la déclaration donnant force de loi à la bulle *Unigenitus*. Musée Carnavalet, Paris.
Phot. Lauros-Giraudon.

En janvier 1732, les parlementaires revinrent à la charge. Reçus à Versailles par Louis XV, ils s'entendirent exprimer par la voix de d'Aguesseau le mécontentement du souverain qui détermina sèchement les bornes de l'autorité de ses auditeurs : « Le pouvoir de faire les lois et de les interpréter est essentiellement et uniquement réservé au roi. Le parlement n'est chargé que de veiller à leur exécution. » Après plusieurs semaines de calme, l'agitation reprit. Des magistrats démissionnèrent et le parlement contesta la validité du lit de justice. En réponse, le roi exila cent trente-neuf magistrats dans différentes villes de France.

◁ **Le scandale Jean-Baptiste Girard.** Ce jésuite, recteur du séminaire de Toulon, fut accusé en 1730 d'avoir séduit une jeune fille. Après de longs débats au parlement d'Aix, qui éclaboussèrent sa réputation, le père Girard fut mis hors de cause à la majorité d'une seule voix, mais fut obligé de fuir après le scandale. Cette affaire, illustrée par cette peinture satyrique, montra l'hostilité des parlementaires pour les jésuites. Collection particulière.
Phot. Jean-Loup Charmet.

△ **Des religieux, refusant d'accepter la bulle *Unigenitus*,** sont obligés de s'enfuir de leur ville. Les vexations furent multiples pour réprimer l'opposition à la bulle. Mais Fleury eut l'habileté de ne pas prendre de mesures générales contre les « appelants ». Il réduisit progressivement leur agitation par un savant dosage de menaces et de faveurs, qui eut raison, à long terme, des irréductibles.
Phot. Tallandier.

△ **Le diacre François de Pâris.** Ce prêtre « appelant », riche d'une rente de dix mille livres, avait acquis une grande réputation de charité en distribuant ses biens aux pauvres. Adversaire acharné de la bulle *Unigenitus*, il était mort en dénonçant les jésuites. Ses funérailles donnèrent lieu à des manifestations exaltées de ses fidèles qui se partagèrent ses vêtements et ses meubles pour en faire des reliques. Quelques mois plus tard, un commerçant déclara avoir été guéri de ses ulcères après avoir appliqué sur eux un morceau du lit du diacre. Le bruit se répandit vite et la tombe de Pâris devint objet de pèlerinage.
Phot. Giraudon.

Mais, au bout de quelques mois, les exilés s'ennuyèrent et se montrèrent prêts à toutes les concessions. Le roi pardonna, les parlementaires revinrent à Paris, acclamés par la foule qui les compara à des « sénateurs romains ». En fait, ils avaient montré leur impuissance et, « à petit bruit et à peu de frais », comme l'écrivit un contemporain, Fleury était parvenu à régler une affaire difficile.

Les convulsionnaires de Saint-Médard. Pendant que les parlementaires et le pouvoir royal se livraient une guerre d'escarmouches, l'affaire du cimetière Saint-Médard eut un grand retentissement et prouva que les querelles du jansénisme avaient des prolongements populaires. En 1727, était mort un diacre de Saint-Médard, paroisse janséniste de Paris. Frère d'un conseiller du parlement, le

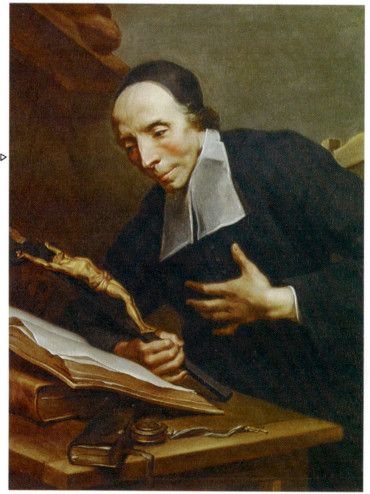

L'abbé Tournus, compagnon et confesseur du diacre Pâris. ▷ L'artiste a su rendre dans l'attitude du religieux le mysticisme ascétique caractéristique du jansénisme. Mais la doctrine intransigeante des religieux se transforma en exaltation incontrôlée dans le peuple. Au nom du jansénisme, dans toute la France, des sectes se constituèrent, dont les extravagances, risibles ou inquiétantes, firent sombrer le mouvement dans le ridicule. Peinture de Jean Restout. Musée national des Granges de Port-Royal.
Phot. Réunion des musées nationaux.

diacre Pâris avait consacré son importante fortune à faire la charité et mourut en odeur de sainteté. Bientôt, on apprit que plusieurs malades avaient été miraculeusement guéris en touchant la pierre tombale du diacre. Très vite, une foule nombreuse se pressa quotidiennement dans le petit charnier de Saint-Médard. Des scènes étranges commencèrent à se produire : des exaltés se couchaient sur la tombe, pris de convulsions. D'autres dansaient et trépignaient pendant des heures. Des hommes et des femmes se faisaient percer la langue, frapper à coups de bûche ou de marteau, avalaient des charbons ardents ou des bibles reliées. L'hystérie collective en quelques mois atteignit son comble : on vit apparaître des associations de flagellants, des sectes de « miauleuses » ou d'« aboyeuses ». La contagion gagna la province et, dans de nombreuses villes, des illuminés se livrèrent à d'autres extravagances.

Les excès des « convulsionnaires de Saint-Médard » contribuèrent à discréditer le jansénisme et permirent à Fleury de sévir impunément. Il fit tout d'abord démontrer par des médecins la supercherie des prétendues guérisons. Le 29 janvier 1732, le cimetière Saint-Médard fut fermé au public par la police et les plus exaltés des convulsionnaires furent envoyés à la Bastille. On trouva placardé sur la porte du cimetière cet avis d'un mauvais plaisant anonyme :

De par le roi, défense à Dieu
de faire miracle en ce lieu.

Les convulsions continuèrent à se produire en privé, mais l'influence du jansénisme dans l'opinion publique sortit considérablement affaiblie par l'affaire du cimetière Saint-Médard qui avait porté un coup fatal au mouvement.

△ **Les convulsionnaires sont conduits à la Bastille.** Il fut facile à Fleury de tirer partie des folies des exaltés de Saint-Médard et il mit un point final à leur aventure en faisant fermer le cimetière. Le discrédit jeté sur le jansénisme et le ridicule dans lequel avaient sombré les querelles religieuses contribuèrent à faire croître l'impiété en France. Musée Carnavalet, Paris.
Phot. Jérôme da Cunha - Presses de la Cité.

◁ **Les convulsionnaires sur la tombe du diacre Pâris.** On faisait la queue devant le cimetière Saint-Médard pour pouvoir approcher la tombe du prêtre. La dévotion fit rapidement place à l'hystérie. Quelques prêtres jansénistes profitèrent des miracles qui auraient eu lieu dans le cimetière pour en tirer l'argument que Dieu était favorable à leur doctrine et vouèrent au châtiment éternel leurs contradicteurs.
Phot. Tallandier.

Une politique de conciliation. La grande ambition de Fleury était de maintenir la paix en Europe et d'entretenir de bonnes relations avec les trois grandes puissances, l'Angleterre, l'Espagne et l'Autriche. Le cardinal, sous son apparence effacée et timide, était en réalité un parfait diplomate, sachant mettre en confiance ses interlocuteurs et, sans en avoir l'air, les amener où il le voulait. Les menaces de conflits étaient cependant sérieuses. Le roi d'Espagne, Philippe V, irrité par le renvoi de la petite infante Marie-Anne Victoire, se rapprocha de l'empereur Charles VI. Pour faire face à cette menace austro-espagnole, la France, l'Angleterre et la Prusse signèrent en août 1725 la convention de Hanovre. En fait, ces États n'étaient guère désireux d'engager les hostilités, à l'exception de l'Espagne dont la reine, Élisabeth Farnèse, rêvait d'établir ses enfants dans les duchés italiens. Lorsque, en février 1727, les Espagnols mirent le siège devant Gibraltar, les Anglais demandèrent à la France de respecter la convention de Hanovre et d'intervenir. Avec beaucoup de prudence, Fleury se garda de refuser, mais, faisant traîner les choses en longueur, il ébaucha un accord avec l'Autriche et négocia directement avec Philippe V, auquel il promit secrètement la succession de la France, si Louis XV mourait sans fils. En mai 1727, des préliminaires de paix purent enfin être signés entre les puissances.

Cependant, on était encore loin de la paix définitive. Fleury louvoya avec habileté entre les intérêts contradictoires de l'Espagne, de l'Autriche et de l'Angleterre. Par un traité signé à Séville en 1729, l'Angleterre et la France acceptèrent que l'infant don Carlos, fils de Philippe V et d'Élisabeth Farnèse, succédât au dernier des Farnèse dans les duchés de Parme et de Plaisance. De son côté, l'Espagne rendait aux marchands anglais, français et hollandais les privilèges qu'elle leur avait

△ **Robert Walpole.** Cet homme politique contrôla les affaires britanniques jusqu'en 1742. Malgré l'opposition d'une partie du Parlement anglais, il se fit le défenseur d'une politique pacifique à l'égard de la France et soutint Fleury dans son conflit avec l'Espagne. Peinture de Jean-Baptiste Van Loo. National Portrait Gallery, Londres.
Archives I. R. L.

Élisabeth Farnèse, reine d'Espagne. Cette Italienne, seconde épouse du roi Philippe V, voulait assurer à ses fils la possession des duchés italiens. Elle tenta de provoquer une rupture entre la France et l'Angleterre, ce en quoi elle échoua. Peinture de Louis-Michel Van Loo. Musée national du château de Versailles.
Phot. Réunion des musées nationaux. ▽

retirés. Mais le traité de Séville entraîna de nouveaux heurts entre l'Espagne et l'Autriche. Ces difficultés se trouvèrent enfin résolues par le traité de Vienne (mars 1731) par lequel l'Angleterre reconnaissait la pragmatique sanction, réglant la succession de l'empereur Charles VI, en échange du consentement de ce dernier à l'occupation des duchés italiens par l'Espagne. Dans ces années troublées, la politique pacifiste de Fleury était parvenue à éviter l'éclatement d'un conflit qui aurait entraîné la France dans une guerre incertaine, mais cette réserve rencontrait beaucoup d'incompréhension dans l'opinion publique qui, courtisans en tête, l'accusait de mollesse et réclamait la guerre.

La succession de Pologne. Le 1er février 1733, mourait le roi de Pologne, Auguste II. Aussitôt, un parti puissant se constitua en France pour obtenir la restauration de Stanislas Leszczynski, ancien roi de Pologne et beau-père de Louis XV. Fleury n'était guère partisan d'appuyer cette candidature, mais il dut se résigner, sous les pressions de la Cour, à financer l'élection de Stanislas. Déguisé en marchand, ce dernier gagna Varsovie, où 60 000 électeurs à cheval le proclamèrent roi de Pologne. Cependant, plusieurs milliers de dissidents désignèrent pour souverain l'Électeur de Saxe, fils d'Auguste II, appuyé par la Russie, l'Autriche et la Prusse. Les armées russes pénétrèrent en Pologne et chassèrent Stanislas, qui trouva refuge à Dantzig.

Fleury comprit vite qu'il était impossible de s'attaquer à la Russie, car il ne pouvait être question de faire traverser l'Allemagne à une armée. Aussi se contenta-t-il d'envoyer à Dantzig un corps expéditionnaire de 6 000 hommes. Le premier convoi, fort de 1 500 hommes, se fit mitrailler en débar-

△ **Philippe V, roi d'Espagne,** confère la Toison d'or au maréchal de Tessé. Cet ambassadeur de France à Madrid eut une tâche particulièrement délicate, étant donné les relations difficiles entre les deux pays. La sage politique de Fleury ne fut pourtant pas toujours appréciée des Français qui trouvaient son « pacifisme » déshonorant. Peinture de Laumosnier. Musée de Tessé, Le Mans.
Phot. G. Dagli Orti.

◁ **Louis XV donnant la paix à l'Europe.** Grâce à l'habileté de Fleury, qui fit miroiter aux yeux du roi d'Espagne l'espoir de pouvoir régner un jour sur la France, le danger d'un conflit européen fut écarté. Ce qui permit à Louis XV de commander pour le salon de la Paix de Versailles une allégorie exaltant l'action décisive de la France pour écarter le spectre de la guerre. Peinture de François Lemoyne. Musée national du château de Versailles.
Phot. Varga-Artephot.

quant et l'affaire se termina par un carnage. Abandonné de tous, Stanislas, déguisé en matelot, parvint à quitter Dantzig, et à se réfugier en Allemagne (juillet 1734). Faute de pouvoir réduire la Russie, Fleury déclara la guerre à l'empereur. Deux rapides campagnes en Allemagne et en Italie assurèrent des succès appréciables à la France : le vieux maréchal de Villars procéda à la conquête du Milanais, tandis que Berwick, puis son successeur d'Asfeld menaient à bonne fin le siège de Philippsbourg. Les négociations étaient d'ailleurs déjà entamées entre Fleury et l'Autriche. En 1735, par des préliminaires de paix, le cardinal promettait de reconnaître la pragmatique sanction à condition que Stanislas reçût une compensation. Les fiançailles de la fille de Charles VI, Marie-Thérèse, avec le duc de Lorraine François, lui donnèrent l'occasion de réclamer pour Stanislas le Barrois et la Lorraine. Plus de trois ans de négociations furent encore nécessaires pour aboutir à la signature du traité de Vienne, le 18 novembre 1738. Stanislas renonçait au trône de Pologne, mais recevait les duchés de Lorraine et de Bar qui, à sa mort, devaient revenir à la France. En dédommagement, François de Lorraine se voyait octroyer Parme et la Toscane, l'infant don Carlos obtenant en échange la Sicile et la région de Naples qui formèrent le royaume des Deux-Siciles. Stanislas s'installa à Nancy, qu'il embellit de splendides monuments. Malgré les attaques dont elle avait été l'objet, la politique de Fleury avait fait de la France une puissance respectée et avait permis le rattachement d'une province convoitée depuis des siècles. Grâce à la Lorraine, les frontières orientales du royaume étaient efficacement renforcées.

△ **Stanislas Leszczynski.** Malgré ses réticences, Fleury fut obligé d'appuyer la tentative du beau-père de Louis XV pour redevenir roi de Pologne. Mais la France ne prit pas une part très active dans le conflit polonais. Peinture de Jean-Baptiste Van Loo. Musée national du château de Versailles.
Phot. Lauros-Giraudon.

L'entrevue de Neuhaus. ▷ L'impératrice Amélie rencontre en 1737 sa fille Marie-Josèphe d'Autriche et le mari de cette dernière, l'Électeur de Saxe devenu roi de Pologne sous le nom d'Auguste III. La conclusion de la guerre de Pologne fut favorable à la France, puisque, par le traité de Vienne, la Lorraine était cédée au roi Stanislas. À la mort de ce dernier, la province devait revenir à la couronne française. Peinture de Louis de Silvestre dit le Jeune. Musée du Louvre, Paris.
Phot. Lauros-Giraudon.

△ **Le marquis de la Galaizière est créé chancelier de Lorraine par Stanislas Leszczynski.** Cet homme énergique et compétent se comporta à la cour de Nancy comme un intendant de France. Peinture de François-André Vincent. Musée historique lorrain, Nancy.
Phot. Gilbert Mangin.

Revue de mousquetaires. ▷
La guerre de Pologne fut marquée par de belles victoires des armées françaises, mais le véritable triomphateur fut le diplomate Fleury. Peinture de Paul-Ponce Robert. Château de Versailles.
Phot. Lauros-Giraudon.

Page suivante : ▷
Vue de l'intérieur du port de Marseille (détail). Le grand commerce, qui avait déjà bénéficié de l'impulsion donnée par Law pendant la Régence, connut un développement considérable qui mit la marine marchande française au même rang que celle de la Grande-Bretagne. Le commerce extérieur quadrupla entre 1716 et 1750. Peinture de Joseph Vernet. Musée de la Marine, Paris.
Archives I. R. L.

40. 1723-1740 LOUIS XV LE BIEN-AIMÉ.

1740-1750 Le règne des favorites

Au lendemain du traité de Vienne, qui avait réglé la succession de Pologne, on considérait généralement que Fleury, par sa politique habile et modérée, avait donné à la France une place prépondérante en Europe, dont Louis XV devenait « le maître et l'arbitre ». Le vieux cardinal s'était surtout attaché à user de compromis à l'égard de l'Autriche, et le secrétaire d'État aux Affaires étrangères, Chauvelin, qui soutenait la politique anti-autrichienne de la reine d'Espagne Élisabeth Farnèse, avait été brutalement exilé en 1737. En contrepartie, Fleury était désireux « d'enlever aux Anglais toute occasion de reprendre la balance des affaires de l'Europe ». Les intérêts commerciaux de la France et de l'Angleterre se heurtaient de façon de plus en plus violente en Amérique, en Asie et dans l'Empire ottoman, qui avait reçu le soutien français dans le conflit l'opposant à l'Autriche et à la Russie. En 1739, un conflit se déclencha entre l'Espagne et l'Angleterre, qui inondait de produits de contrebande les provinces espagnoles d'Amérique du Sud. Fleury était décidé à aider l'Espagne et, en septembre 1740, deux escadres quittèrent Toulon et Brest en direction de l'Amérique. L'intention du cardinal était de réduire les avantages coloniaux et commerciaux que les traités d'Utrecht avaient accordés à l'Angleterre.

Cependant, les desseins de Fleury furent remis en question par la crise européenne qu'ouvrit la succession d'Autriche. L'empereur Charles VI, en l'absence d'héritier mâle, avait réglé sa succession en laissant l'ensemble de ses États à sa fille Marie-Thérèse. Au prix de grands sacrifices, l'empereur était parvenu à faire reconnaître cet acte, la Pragmatique Sanction, d'abord par les États intéressés, puis par les puissances européennes. Cependant, lorsqu'il mourut, en octobre 1740, les Électeurs de Saxe et de Bavière, les rois d'Espagne et de Sardaigne ainsi que le nouveau roi de Prusse, Frédéric II, contestèrent la validité de la Pragmatique Sanction. En décembre 1740, Frédéric II envahissait la Silésie. De son côté, Fleury s'était engagé à accepter la Pragmatique Sanction et Louis XV se manifesta publiquement pour le maintien de la paix. Mais leurs intentions pacifistes devaient se heurter au puissant parti anti-autrichien qui se constitua à la Cour, désireuse d'en découdre avec l'« ennemi héréditaire ». Un petit-fils de Fouquet, le comte de Belle-Isle, fut l'âme de ce clan belliciste. Bien qu'ayant dépassé la cinquantaine, Belle-Isle rallia à sa cause, par ses dons de beau parleur, toute la jeunesse du royaume et parvint à arracher l'accord de Fleury pour former une coalition contre l'Autriche. Délégué par la France à la diète de Francfort qui, au mépris de la Pragmatique Sanction, devait élire le souverain, Belle-Isle éblouit les participants par son faste et, alors que Marie-Thérèse se faisait couronner reine de Hongrie, l'Électeur de Bavière était élu empereur sous le nom de Charles VII en janvier 1742. Pendant ce temps, une armée française commandée par Belle-Isle avait pénétré en Bohême et s'emparait de Prague. Cependant Marie-Thérèse, avec énergie, parvint à redresser une situation si défavorable pour elle : ayant obtenu l'appui des seigneurs hongrois, elle négocia secrètement avec Frédéric II qui, en échange de la Silésie, se retira du combat. Belle-Isle fut contraint d'abandonner Prague et sa retraite héroïque au cours de l'hiver 1742-1743, accomplie dans des circonstances éprouvantes pour l'armée qui devait affronter la neige et le gel, fit oublier l'inconséquence de sa conduite. En fait la guerre de la Succession d'Autriche ne faisait que commencer.

◁ *Assemblée dans un parc ou la déclaration de l'amour* (détail). La recherche d'un plaisir raffiné et subtil trouve son épanouissement au milieu du XVIIIe siècle. C'est le règne des femmes, aussi bien dans la vie privée que dans la vie publique, où les maîtresses du roi jouèrent un rôle souvent prépondérant. Peinture de Jean-François de Troy. Charlottenburg, Berlin.
Archives I. R. L.

TANDIS QUE BELLE-ISLE RAMENAIT SON ARMÉE au prix de difficultés sans nombre, le cardinal de Fleury mourait à Paris, le 29 janvier 1743, à l'âge de quatre-vingt-dix ans. Depuis plusieurs mois, la Cour prédisait sa chute, mais, jusqu'à la fin, le vieillard eut la haute main sur les affaires du royaume. Son impopularité était alors grande et sa mort fut accueillie avec joie par la plupart des courtisans. Louis XV proclama aussitôt sa volonté de gouverner seul et de présider lui-même le conseil d'En Haut.

Un roi déconcertant. Louis XV était « impénétrable et indéfinissable », comme le décrivait d'Argenson. Il restait, certes, toujours pour son peuple le « Bien-Aimé » et les portraits qui le représentent à cette époque témoignent que le roi n'avait rien perdu de la séduction de son adolescence. Sa résistance physique était remarquable et ses journées étaient remplies par de multiples activités, dont la moindre n'était pas la chasse, car le roi courait le cerf au moins trois fois par semaine. Mais c'était un homme dont les contradictions perpétuelles déconcertaient la Cour. Il avait conservé à Versailles le cérémonial pesant de l'étiquette mise au point par Louis XIV, mais en fait, il détestait cet apparat qui tenait le souverain en perpétuelle représentation. Dès qu'il le pouvait, il s'évadait de Versailles pour se réfugier dans ses résidences de Marly, de la Muette ou de Choisy. À Versailles même, il fit aménager des cabinets et de « petits appartements », de taille plus modeste que les grandes pièces du palais et dans lesquels il préférait vivre. En public, il parlait avec difficulté, car c'était un timide qui craignait les têtes nouvelles. En revanche, en privé, dans sa famille ou avec ses amis, c'était un brillant causeur. À cela s'ajoutaient des sautes d'humeur imprévisibles ou des bizarreries de caractère, comme son goût morbide pour tout ce qui touchait la maladie ou la mort. Ce sceptique désabusé, cet amateur

La France de Mme de Pompadour

△ **Le siège de Prague.** Aussi désastreuse qu'héroïque, la campagne menée par Belle-Isle en Bohême s'acheva par une retraite éprouvante, où de nombreux soldats périrent de froid ou de faim. Comme d'autres Français anonymes, l'écrivain Vauvenargues, qui eut les jambes gelées pendant la marche des armées vers le Rhin, fut une victime de cette folle aventure, véritable préfiguration de la retraite de Russie. Peinture d'Auguste Querfut.
Phot. Erich Lessing - Magnum.

Chasse à l'étang de Saint-Jean, dans la forêt de Compiègne. Le peintre Oudry fut chargé par le roi de réaliser des cartons, destinés à l'exécution de tapisseries des Gobelins, représentant les chasses royales. Ces grandes compositions évoquent à merveille ce ▷ qui fut l'activité favorite de Louis XV. Carton peint par Jean-Baptiste Oudry pour la tenture des *Chasses de Louis XV*. Château de Fontainebleau.
Phot. Giraudon.

de plaisirs était aussi un chrétien scrupuleux, inquiet du salut de son âme, entendant la messe chaque jour et accordant aux cérémonies religieuses une importance considérable.

Le lieutenant des chasses de Versailles a laissé ce portrait pénétrant du souverain : « Un air de grandeur très remarquable était empreint sur sa physionomie, qui était encore rehaussé par la manière dont il s'était fait l'habitude de porter la tête. Cette manière était noble sans être exagérée et, quoique ce prince fût naturellement timide, il avait assez travaillé sur son extérieur pour que sa contenance ordinaire fût ferme, sans la moindre apparence de morgue. En public, son regard était assuré, peut-être un peu sévère, mais sans autre expression. En particulier, et surtout lorsqu'il adressait la parole à quelqu'un qu'il voulait bien traiter, ses yeux prenaient un singulier caractère de bienveillance et il avait l'air de solliciter l'affection de ceux auxquels il parlait. »

Le château de la Muette en 1738. Louis XV avait passé une partie de son enfance dans ce charmant petit château, édifié au XVIᵉ siècle sur l'emplacement d'un pavillon de chasse. Il s'y rendait régulièrement pour se reposer des contraintes du calendrier immuable des cérémonies instituées par Louis XIV à Versailles, et qu'il n'avait pas osé modifier. Peinture de Charles-Laurent-Léopold Grevenbroek. Musée Carnavalet, Paris.
Phot. Lauros-Giraudon.

Ce comportement déconcertant se retrouvait dans sa façon de gouverner. Il ne manquait pas de présider régulièrement le conseil d'En Haut, mais il se dégoûtait vite des affaires. Son indolence naturelle le poussait à laisser agir ses ministres, quitte à intervenir par moments avec brutalité. Mme de Tencin disait de lui : « Il est comme un écolier qui a besoin d'un précepteur, il n'a pas la force de décider. » Cette politique imprévisible plongeait les ministres dans une grande incertitude. Louis XV laissait trop se développer les intrigues de palais et était constamment soumis aux influences contradictoires de son entourage. En fait, il donnait aux Français l'image d'un monarque profondément ennuyé par son « métier de roi ».

La famille royale. Alors que Louis XV avait semblé s'épanouir au moment de son mariage, la reine Marie Leszczyńska se révéla très vite incapable de tenir une place importante auprès du roi. Après la naissance de leur dixième enfant, en 1737, la rupture fut définitive entre les deux époux. Très vite alourdie par ces maternités rapprochées et sans aucune coquetterie, la reine manquait de l'esprit brillant qui aurait pu retenir auprès d'elle ce mari plus jeune qu'elle. Aimant la vie simple, fort pieuse et charitable, elle vivait retirée dans ses appartements de Versailles encombrés de reliques et de tableaux pieux, au milieu d'un cercle d'intimes qui, comme elle, condamnaient tout ce qui pouvait porter atteinte à la morale ou à la religion : le cardinal de Rohan, Mmes de Nivernais, de Villars et de Luynes, le président Hénault constituaient le « parti dévot », sans grand crédit en fait sur les affaires du royaume.

Louis XV avait été fort jeune un père de famille nombreuse, puisque de 1727 à 1737, dix enfants lui étaient nés, dont sept vécurent. Le roi se montra toujours pour eux un père attentif, passant de longs moments avec eux et suivant de près leur éducation. Le dauphin Louis, dont la nais-

△ **La famille royale.** Page de gauche : Louis XV (pastel de Maurice Quentin de La Tour, musée du Louvre, Paris) et Marie Leszczyńska (pastel de Maurice Quentin de La Tour, musée du Louvre, Paris). Page de droite : en haut, à gauche, Mme Adélaïde (peinture de Jean-Marc Nattier, Musée national du château de Versailles) ; à droite, Mme Henriette (peinture de Jean-Marc Nattier, Musée national du château de Versailles) ; en bas, à gauche, Mme Louise, ou « Madame Dernière », qui fut plus tard prieure du carmel de Saint-Denis (peinture de Jean-Marc Nattier, Musée national du château de Versailles) ; au centre, Mme Sophie (peinture de Jean-Marc Nattier, Musée national du château de Versailles ; à droite, le dauphin Louis (peinture d'Anne-Baptiste Nivelon, Musée national du château de Versailles). Ce ne fut pas une des moindres contradictions de la personnalité complexe de Louis XV que de concilier un penchant marqué pour les plaisirs et un attachement très vif aux joies bourgeoises de la vie familiale. Les contemporains ont laissé des témoignages attendrissants de l'affection inépuisable du roi pour ses enfants, puis pour ses petits-enfants.
Phot. Artephot-Faillet (Louis XV et Marie Leszczyńska) · Lauros-Giraudon (Mmes Adélaïde, Henriette) · Giraudon (Mme Louise) · Tallandier (Mme Sophie) · Jérôme da Cunha - Presses de la Cité (le Dauphin).

sance en 1729 avait été accueillie avec enthousiasme, était comme sa mère un dévot fortement influencé par les leçons de son précepteur, Mgr Boyer, et passionné de musique d'église. Réprouvant la conduite de son père, il se tenait ostensiblement à l'écart de la Cour. Après un premier mariage avec une infante espagnole qui mourut en couches en 1746, il se remaria en 1747 avec Marie-Josèphe de Saxe, une princesse elle aussi fort pieuse et qui lui donna huit enfants, dont les trois derniers Bourbons qui devaient régner sur la France, les futurs Louis XVI, Louis XVIII et Charles X, Marie-Clotilde et Mme Élisabeth.

Louis XV avait une très grande affection pour ses filles, qui adoraient jouer avec « papa-roi », et il les retrouvait souvent dans leurs appartements, où il leur apportait des plats cuisinés par lui-même. Le mariage de l'aînée, Mme Élisabeth, en 1739, avec l'infant don Philippe et son départ pour l'Espagne lui avaient causé un très grand chagrin, mais il eut la joie de conserver auprès de lui les cinq autres princesses, dont aucune ne se maria. La mort de Mme Henriette, sœur jumelle de Mme Élisabeth, en 1752, à l'âge de vingt-cinq ans, le plongea dans un « état affreux ». Les quatre autres « Mesdames de France » restées à la cour de Versailles étaient confites en dévotion. La plus intelligente était Mme Adélaïde, que son père surnommait « Madame Torchon » en raison de sa passion pour les travaux ménagers. Elle était l'âme du « parti de la famille » par l'ascendant qu'elle avait sur ses trois sœurs, beaucoup plus effacées, Mmes Victoire, Sophie et Louise.

Les premières maîtresses. Pendant les premières années de son mariage, Louis XV s'était montré un époux irréprochable, mais il se lassa de la reine Marie Leszczyńska et lorsque celle-ci, épuisée par tant de grossesses successives, se refusa à lui, ce fut la rupture définitive.

46. 1740-1750 LE RÈGNE DES FAVORITES.

Commença alors l'ère des maîtresses. Le roi était jeune et ardent et les courtisans eux-mêmes le poussaient à rechercher des amours illégitimes, ce qui ne pouvait en fait guère causer de scandale dans l'opinion publique. La première maîtresse en titre fut la comtesse de Mailly, fille du marquis de Nesle, bientôt supplantée par sa propre sœur, Pauline de Vintimille, laide et spirituelle, à laquelle le roi s'attacha fortement, séduit par son esprit d'indépendance et sa liberté de parole. Mme de Vintimille voulut jouer un rôle dans la conduite des affaires publiques et soutint la politique anti-autrichienne de Belle-Isle. Mais elle mourut en couches en septembre 1741 et le roi, d'abord très ému par ce décès, se consola avec la troisième fille du marquis de Nesle, Mme de Lauraguais, une « grosse vilaine », mais aussi spirituelle que ses sœurs. La faveur de celle-ci fut de courte durée, car bientôt une quatrième sœur, Mme de La Tournelle, sûre de sa beauté éblouissante et aidée par le duc de Richelieu, manœuvra si bien qu'elle devint la maîtresse en titre. Tout Paris s'amusait de voir les filles du marquis de Nesle se succéder dans la faveur royale et on chantait :

« L'une est presque oubliée, l'autre presque en poussière ;
La troisième est en pied ; la quatrième attend ;
Pour faire place à la dernière.
Choisir une famille entière.
Est-ce être infidèle ou constant ? »

Plus ambitieuse que ses sœurs, Mme de La Tournelle posa d'abord ses conditions : le renvoi de ses sœurs, le versement d'une rente annuelle de 80 000 livres et le titre de duchesse de Châteauroux. Elle voulut surtout secouer l'apathie de Louis XV et, avec l'aide de Richelieu et de Mme de Tencin, entreprit de mener les affaires de la France. « Vous me tuez, Madame », se plaignait Louis XV. « Tant mieux, sire, répondait l'énergique Mme de Châteauroux, il faut qu'un roi ressuscite ! »

La maladie de Metz. Après la retraite de Prague, qui avait permis à Marie-Thérèse de devenir maîtresse de la Bohême, cette dernière avait constitué avec l'Angleterre, le Hanovre et la Hollande une coalition contre la France et l'Espagne. Commandée par le roi George II, une armée anglo-hanovrienne infligea aux Français une défaite à Dettingen le 27 juin 1743 et les contraignit à se réfugier sur le Rhin. Le conflit s'était généralisé et on se battait sur tous les fronts, en Italie, en Allemagne, dans les Pays-Bas, au Canada et dans les Indes. Ce ne fut qu'en 1744 que la France déclara officiellement la guerre à l'Autriche et à l'Angleterre, et Louis XV décida de se rendre en personne auprès de ses armées. En mai 1744, il quittait Versailles pour Valenciennes et, par son autorité, releva le moral de ses troupes, qui remportèrent plusieurs succès en s'emparant de Courtrai, Menin, Ypres et Furnes.

Malgré l'interdiction du roi, Mme de Châteauroux l'avait rejoint à Lille et son arrivée intempestive provoqua un scandale d'autant plus grand que la reine était restée à Versailles. Comme les Autrichiens étaient entrés en Alsace, Louis XV laissa le commandement de l'armée de Flandre à Maurice de Saxe et établit son quartier général à Metz. Mais, au début du mois d'août, il tomba gravement malade et fut très vite en danger de mort. Les Français furent bouleversés. Autour du lit royal, les intrigues se nouaient : alors que Mme de Châteauroux et le duc de Richelieu tentaient de conserver leur ascendant sur le roi, le « parti dévot », mené par l'évêque de Soissons, Fitz-James, et le confesseur du roi, le père Perusseau, prenait l'avantage. Lorsque le chirurgien La Peyronnie décréta que le roi n'avait plus que deux jours à vivre, Fitz-James n'accepta d'administrer les derniers sacrements à Louis XV que si celui-ci renvoyait la « concubine ». Le souverain se soumit et Mme de Châteauroux quitta Metz sous les

Le duc de Richelieu. Ce petit-neveu du cardinal de Richelieu était devenu un des favoris de Louis XV et il se fit le complice de ses premières amours. Il devait se distinguer à la bataille de Fontenoy, ce qui lui valut le titre de maréchal de France. Peinture de Louis Tocqué. Musée des Beaux-Arts, Tours.
Phot. Lauros-Giraudon.

◁ **Les Trois Grâces (Mesdemoiselles de Nesle).** Des quatre filles du marquis de Nesle, ce fut Mme de Vintimille qui fut la plus aimée de Louis XV. Peinture de Carle Van Loo. Château de Chenonceaux.
Phot. G. Dagli-Orti.

La duchesse de Châteauroux. ▷ Veuve du marquis de La Tournelle, Marie-Anne de Nesle était une ambitieuse qui tenta d'insuffler à son royal amant une énergie comparable à la sienne. Mais elle dut quitter le roi après la maladie de ce dernier à Metz. Musée national du château de Versailles.
Phot. Hubert Josse.

huées de la foule. Contre toute attente, Louis XV guérit et cette nouvelle fut accueillie en France par des transports de joie, car il était toujours pour ses sujets le « Bien-Aimé ». Mais il ne devait jamais pardonner au « parti dévot » le chantage dont il avait été victime et l'humiliation publique de sa confession. Mme de Châteauroux tenta alors de reprendre son ascendant sur son amant, mais elle mourut en décembre 1744. Une nouvelle favorite allait lui succéder, la belle Mme Lenormant d'Étioles, devenue Mme de Pompadour.

La bataille de Fontenoy. En novembre 1744, arriva aux Affaires étrangères le marquis d'Argenson, frère du secrétaire d'État à la Guerre, qui se montra l'adversaire le plus acharné de l'Autriche. Charles VII étant mort en janvier 1745, d'Argenson voulut appuyer la candidature à l'Empire de l'Électeur de Saxe, Auguste III, mais ce dernier refusa de s'opposer à Marie-Thérèse. Louis XV décida de maintenir les troupes françaises en Flandre. Cette armée se trouvait alors sous le commandement de Maurice de Saxe, un des plus grands hommes de guerre de son temps qui, ayant investi Tournai, attendit l'ennemi dans la plaine de Fontenoy. Le 11 mai 1745, en présence du roi et du Dauphin, la bataille commença. L'infanterie anglaise bouscula d'abord les Français et, d'après Voltaire, un dialogue étonnant s'engagea entre l'officier anglais, lord Hay, qui se découvrit pour lancer à ses ennemis : « Messieurs des gardes-françaises, tirez les premiers ! », et le comte d'Anterroches, qui lui répliqua : « Messieurs, à vous l'honneur ! ». Les vingt mille hommes de l'infan-

terie anglaise enfoncèrent les deux premières lignes françaises, mais Maurice de Saxe, refusant de croire la bataille perdue, ordonna l'attaque générale. L'action conjuguée de l'artillerie et des charges de la cavalerie de la maison du roi, entraînée par la « furie française », parvint à renverser la situation et les Anglais se replièrent en désordre, laissant neuf mille morts sur le terrain. La nouvelle de la victoire de Fontenoy fut accueillie avec joie par les Français, qui célébrèrent le courage de leur roi, constamment aux premières lignes pendant le combat. Fontenoy permit aux armées royales de prendre successive-

La bataille de Fontenoy : le maréchal de Saxe (à pied) montre à Louis XV les drapeaux conquis. Peinture d'Horace Vernet. Musée national du château de Versailles.
Phot. Bulloz.

◁ **La bataille de Fontenoy (détail).** Le conflit local de la succession d'Autriche passa rapidement au second plan dans la guerre qui mit aux prises les États européens de 1740 à 1748. Peinture de Pierre Lenfant. Musée national du château de Versailles.
Phot. Hubert Josse.

Le siège de Tournai. ▷
Louis XV, accompagné du Dauphin et du comte d'Argenson, ministre de la Guerre, examine les travaux du siège. Bien qu'il ne fût pas belliqueux de tempérament, le roi fit l'admiration de ses troupes par son courage pendant la campagne des Pays-Bas. Peinture de Pierre Lenfant. Musée national du château de Versailles.
Phot. Hubert Josse.

ment Tournai, Gand, Bruges, Audenarde, Ostende et Nieuport.

« Nous avons travaillé pour le roi de Prusse. » La guerre de la Succession d'Autriche allait encore durer plus de deux ans. En février 1746, Maurice de Saxe s'empara de Bruxelles et fut reçu comme un héros lorsqu'il revint à Paris : quand il parut à l'Opéra, il fut couronné de lauriers par une actrice sous les acclamations de l'assistance. En octobre 1746, il était encore vainqueur à Raucoux sur les Autrichiens, et en juillet 1747, il battit les Anglais à Lawfeld. La France s'assurait ainsi la mainmise sur les Pays-Bas et s'emparait en septembre de Bergen op Zoom. Cependant, ces victoires successives ne permettaient pas d'entrevoir une issue décisive au conflit et, d'ailleurs, dans l'Europe entière, on aspirait à la paix. Tous les gouvernements étaient lassés d'une guerre coûteuse dont on ne pouvait prévoir la fin. D'Argenson, dont la politique dangereuse mécontentait de plus en plus l'opinion publique, fut renvoyé et remplacé par le marquis de Puysieulx. Maurice de Saxe lui-même poussait à la paix. En avril 1748, des plénipotentiaires des nations européennes se réunirent à Aix-la-Chapelle et se mirent d'accord pour conclure un traité le 28 octobre. La France, par ses victoires militaires, était en position de force, mais Louis XV se refusa à traiter en « marchand ». Aussi accepta-t-il de rendre toutes ses conquêtes sur le continent. Les Anglais restituaient à la France les territoires coloniaux qu'ils avaient occupés. Marie-Thérèse était reconnue comme maîtresse des États des Habsbourg, mais elle dut céder à Frédéric II de Prusse la Silésie, au roi de Sardaigne une petite partie du Milanais et à l'infant don Philippe les duchés de Parme et de Plaisance. Si la paix fut, au début, accueillie avec satisfaction en France, le mécontentement gagna vite la population, indignée qu'on eût rendu les Pays-Bas. On disait à Paris « bête comme la paix » et tous se plaignaient que Louis XV « ait travaillé pour le roi de Prusse », le véritable bénéficiaire de la longue et ruineuse guerre de la Succession d'Autriche.

◁ **Le siège de Namur (24-30 septembre 1746).** La victoire éclatante de Fontenoy permit au maréchal de Saxe d'occuper les Pays-Bas autrichiens, puis les Provinces-Unies. Malgré les propositions de paix que d'Argenson fit à l'Angleterre, la guerre continua pour les troupes françaises, concentrées en Belgique sous les ordres de Maurice de Saxe. Gouache de Van Blarenberghe. Musée national du château de Versailles.
Phot. G. Dagli-Orti.

Le siège de Mons (10 juillet 1746). ▷ La prise des principales places fortes de la Belgique n'apporta pas de progrès décisifs dans la campagne de 1746. Aussi Maurice de Saxe voulut-il porter un grand coup en forçant les Autrichiens à repasser la Meuse près du village de Raucoux. Quelques mois plus tard, il attaqua avec succès les Anglais près de Lawfeld. Peinture de Pierre Lenfant. Musée national du château de Versailles.
Phot. Hubert Josse.

La prise d'assaut de Bergen op Zoom, le 16 septembre 1747 (détail). À quatre heures du matin, les troupes du comte Lowendal attaquèrent victorieusement les Hollandais de Cromstom. La place forte, après un siège sanglant, tomba enfin entre les mains des Français. Pour récompenser le maréchal de Saxe de sa brillante conduite pendant la guerre de la Succession d'Autriche, Louis XV lui fit don à vie du château de Chambord. Gouache de Van Blarenberghe. Musée national du château de Versailles.
Archives I. R. L.

1740-1750 LE RÈGNE DES FAVORITES, 51

◁ **La marquise de Pompadour.** Tous les artistes du temps ont su rendre justice à la grâce éblouissante de la marquise de Pompadour, qui se montra pour eux une protectrice bienveillante. Elle sut arracher le roi à sa mélancolie en se faisant la directrice de ses plaisirs. Même si beaucoup de courtisans appréciaient le tourbillon de fêtes incessantes que la jolie favorite organisait avec talent, nombreux étaient ceux qui lui reprochaient cependant ses origines bourgeoises. Peinture de François Boucher. Wallace Collection, Londres.
Archives I. R. L.

Mme de Pompadour. Depuis 1745, une nouvelle favorite était toute-puissante à Versailles, la belle Mme de Pompadour, dont l'influence sur le roi devait durer vingt ans et qui joua un rôle important à la fois dans la politique et dans la vie culturelle de la France. Née en 1721, Jeanne-Antoinette Poisson était la fille d'un commissaire aux vivres et d'une mère fort jolie dont les liaisons amoureuses avaient défrayé la chronique et qui était protégée par les fermiers généraux Le Normant de Tournehem et Pâris de Montmartel. Ce fut donc dans le milieu de la haute finance que la petite « Reinette » grandit et reçut une éducation soignée. Intelligente, cultivée et d'une grande vivacité d'esprit, Jeanne-Antoinette fréquenta très jeune le salon de Mme de Tencin et se fit remarquer par Fontenelle, Montesquieu, Voltaire ou l'abbé de Bernis. En 1741, sa mère parvenait à lui faire épouser un jeune noble, Charles Le Normant d'Étioles, neveu de Tournehem et sous-fermier général.

« Mme d'Étioles était, raconte le lieutenant des chasses de Versailles, une femme d'une taille au-dessus de l'ordinaire, svelte, aisée, souple, élégante. Son visage était bien assorti à sa taille : un ovale parfait, de beaux cheveux plutôt châtain clair que blonds, des yeux assez grands ornés de beaux sourcils de la même couleur, le nez parfaitement bien formé, la bouche charmante, les dents très belles et le plus délicieux sourire ; la plus belle peau du monde donnait à tous ses traits le plus grand éclat. Ses yeux avaient un charme particulier, qu'ils devaient peut-être à l'incertitude de leur couleur ; ils n'avaient point le vif éclat des yeux noirs, la langueur tendre des yeux bleus, la finesse particulière des yeux gris ; leur couleur indéterminée semblait les rendre propres à tous les genres de séduction et à exprimer successivement toutes les impressions d'une âme très mobile. »

« Reinette » avait décidé de devenir la maîtresse du roi et il ne lui fut pas difficile d'attirer l'attention du souverain qui, lors de ses chasses dans la forêt de Sénart, rencontra à plusieurs reprises le phaéton bleu azur conduit par la gracieuse jeune femme. En février 1745, lors du « bal des ifs » donné à Versailles en l'honneur du mariage du Dauphin avec l'infante d'Espagne, toute la Cour remarqua que le roi s'entretenait longuement avec une inconnue déguisée en Diane. La faveur de Mme d'Étioles commençait. Le mois suivant, elle s'installait à Versailles. Ayant reçu du roi le marquisat de Pompadour, elle fut officiellement présentée à la Cour en septembre.

◁ **Le bal des ifs donné à Versailles à l'occasion du mariage du Dauphin avec l'infante d'Espagne (détail).** Pour cette fête costumée, le roi et sept de ses courtisans s'étaient déguisés en ifs taillés comme ceux du parc de Versailles. Dessin de Charles Nicolas Cochin. Cabinet des Dessins du musée du Louvre.
Archives I. R. L.

△ **Halte de chasse.** Mme de Pompadour sut profiter du goût de Louis XV pour la chasse. Elle le rencontra à plusieurs reprises aux haltes où le roi et ses invités partageaient un repas. Peinture de Carle Van Loo. Musée du Louvre, Paris.
Phot. Réunion des musées nationaux.

△ **Le château de Bellevue.** Séduite par la beauté du site de Meudon, Mme de Pompadour y fit édifier une maison à la décoration de laquelle participa une pléiade d'artistes. Gravure. Musée de l'Île-de-France, Sceaux.
Archives I. R. L.

△ **Abel-François Poisson, marquis de Marigny.** Le frère cadet de Mme de Pompadour reçut la direction des Bâtiments royaux et, pour faire son éducation artistique, accomplit en Italie un long périple en compagnie de Cochin, Soufflot et Le Blanc. Peinture de Louis Tocqué. Musée national du château de Versailles.
Phot. Lauros-Giraudon.

Le dégagement de la ▷ colonnade du Louvre. Marigny confia à Gabriel et à Soufflot le soin de démolir les baraques qui encombraient la cour Carrée du Louvre et de restaurer la colonnade, masquée par une multitude de masures. Peinture de Pierre-Antoine Demachy. Musée Carnavalet, Paris.
Phot. Lauros-Giraudon.

La « directrice des plaisirs du roi ». Désormais Mme de Pompadour ne quitta plus Louis XV. Si Marie Leszczyńska accepta de bonne grâce la présence de cette maîtresse déclarée, la famille royale et les courtisans, outrés de voir une roturière occuper la place de favorite, manifestèrent une hostilité très vive et des chansons injurieuses, les « poissonnades », commencèrent à courir à Paris et à Versailles. Avec Mme de Pompadour, ce fut la finance qui fit son entrée à la Cour : Pâris-Duverney et Pâris de Montmartel se rendirent indispensables par les avances qu'ils firent à la caisse royale et influencèrent de façon occulte les décisions du roi, ainsi que les amis de la marquise, le maréchal de Richelieu, Bernis, Mme de Tencin et son frère. Les ministres hostiles à Mme de Pompadour furent souvent les victimes de la favorite : Philibert Orry, qui refusa une grâce à cette dernière, fut renvoyé en 1745, et Maurepas, rendu responsable des « poissonnades », fut exilé en 1749.

Comprenant que Louis XV avait surtout besoin d'être diverti, la marquise se voulut la « directrice des plaisirs du roi » et entraîna la Cour dans un tourbillon de fêtes. Elle fit installer dans une galerie de Versailles un théâtre sur lequel des amateurs célèbres ou des acteurs de la Comédie-Française vinrent représenter les pièces à la mode. Dans son appartement, décoré avec un goût délicat, elle organisait des repas intimes auxquels le roi, débarrassé de la lourdeur de l'étiquette, prenait un grand plaisir. Dans ses différentes résidences — les châteaux de Crécy, près de Dreux, de La Celle-Saint-Cloud, de Champs, l'hôtel d'Elbeuf (l'Élysée) et surtout le château de Bellevue, pour la décoration duquel elle dépensa des sommes fabuleuses —, elle donna des fêtes splendides, surprenant constamment le roi par le renouvellement des distractions qu'elle lui offrait. Mais, de santé fragile, la favorite s'épuisait dans ses multiples activités : « La vie que je mène est terrible, écrivait-elle à une amie. À peine ai-je une minute à moi : répétitions et représentations, et, deux fois par semaine, voyages continuels, tant au Petit Palais qu'à La Muette, etc. Devoirs considérables et indispensables : Reine, Dauphin, Dauphine gardant heureusement la chaise longue ; trois filles, deux infantes ; jugez s'il est possible de respirer. Plaignez-moi et ne m'accusez pas. »

Le style Pompadour. Dotée d'un goût exquis, Mme de Pompadour fit beaucoup pour faire bénéficier les artistes des largesses royales. Le style délicat et recherché qu'elle affectionna pour la décoration

△ **Audience de l'empereur de Chine.** Le peintre favori de Mme de Pompadour composa six œuvres à sujet chinois destinées à servir de modèles à des tapisseries de Beauvais. Ces délicieuses compositions exotiques ornèrent la chambre de la favorite dans sa résidence de Bellevue. Peinture de François Boucher. Musée des Beaux-Arts, Besançon.
Phot. Lauros-Giraudon.

◁ **Une sultane travaillant à sa tapisserie.** Cette « turquerie » fut exécutée à la demande de Mme de Pompadour qui, comme ses contemporains, aimait les œuvres d'art à thèmes exotiques et se fit, à plusieurs reprises, peindre en costume de sultane. Peinture de Carle Van Loo. Musée des Arts décoratifs, Paris.
Phot. Telarci-Giraudon.

et le mobilier de ses différentes habitations s'imposa partout au milieu du XVIIIe siècle. Elle fit nommer son frère, Abel Poisson, marquis de Marigny, à la direction des Bâtiments, et cet homme, aussi cultivé que sa sœur, se montra fort compétent dans cette fonction ; il confia en particulier à Gabriel l'édification de la splendide place Louis-XV (place de la Concorde), en remerciement au roi pour la paix d'Aix-la-Chapelle. La marquise se fit aussi le mécène des plus grands artistes du règne, auxquels elle passait des commandes : les peintres Boucher, Nattier, La Tour, Carle Van Loo, le graveur Cochin, le sculpteur Pigalle durent beaucoup à la protection de la favorite et, en reconnaissance, ils multiplièrent les portraits de leur bienfaitrice. Mme de Pompadour nourrissait aussi de

◁ **La manufacture d'indiennes des frères Wetter.** Les dépenses souvent excessives engagées par Mme de Pompadour pour décorer ses différentes demeures eurent cependant pour effet positif de favoriser la création de produits originaux et de libérer la France de la concurrence étrangère. C'est ainsi que plusieurs manufactures de toiles imprimées s'installèrent en France, comme celles des frères Wetter à Marseille et à Orange, produisant des cotonnades imitées des indiennes orientales. Peinture de Joseph-Gabriel Rossetti. Musée municipal, Orange.
Phot. Hubert-Josse.

Conduite des filles de joie au lieutenant de police. ▷ Alors que la France avait retrouvé la paix, après la fin de la guerre de la Succession d'Autriche, elle fut agitée par des troubles intérieurs. À Paris, pour répondre à l'inquiétude des habitants se plaignant de l'insécurité des rues, d'Argenson fit arrêter mendiants et filles publiques. L'opinion versatile s'en prit alors à la police. L'émeute causa des morts et des blessés parmi les Parisiens, qui projetèrent même de marcher sur Versailles. Peinture d'Étienne Jeaurat. Musée Carnavalet, Paris.
Phot. Lauros-Giraudon.

grandes ambitions et voulut que des constructions rappellent son nom : ce fut ainsi qu'elle inspira la construction de l'École militaire et qu'elle fit transporter à Sèvres la manufacture de porcelaine destinée à concurrencer celle de Saxe.

« Elle protégeait les lettres autant qu'elle le pouvait », écrivit d'elle Voltaire, qui lui devait d'avoir été nommé historiographe du roi. Car Mme de Pompadour, fort liée aux milieux littéraires de Paris, se prononça souvent pour la défense des écrivains, et plus particulièrement des philosophes, qu'elle sut protéger contre leurs ennemis. Elle recevait dans l'appartement de son médecin, Quesnay, les esprits les plus brillants de l'époque — Diderot, d'Alembert, Buffon ou Rousseau — et elle favorisa la parution de l'*Encyclopédie*.

Mais ce talent pour le bonheur que possédait Mme de Pompadour n'était pas du goût de tout le monde et elle fut très vite l'objet de campagnes haineuses, que ses prodigalités déchaînèrent. Pamphlets, calomnies et violences verbales furent le fait de ses ennemis, qui lui reprochaient aussi bien ses dépenses que les coteries de ses amis. Malgré tout son charme, la favorite contribua à discréditer dans l'opinion publique l'image du roi, qui commençait à n'être plus le « Bien-Aimé ».

La réforme de Machault d'Arnouville. L'apogée de la faveur de Mme de Pompadour coïncida avec une reprise de l'agitation intérieure. Déjà, en 1744, la réglementation d'Orry concernant les artisans avait entraîné des abus à Lyon et une

△ **Le comte d'Argenson.** Ce fils du président du conseil des Finances pendant la Régence succéda à son père comme lieutenant général de police, puis devint, en 1743, secrétaire d'État à la Guerre. Il était un des rares personnages influents de la Cour à être hostile à Mme de Pompadour, et il se rangea du côté du « parti de la famille ». Le roi était cependant attaché à cet homme brillant et efficace et, après 1749, il en fit le « ministre de Paris », chargé de maintenir l'ordre dans la capitale. Cependant, d'Argenson devait être disgracié en 1757, à cause de son inimitié croissante pour la marquise de Pompadour. Copie d'un dessin original de Rigaud. Musée national du château de Versailles.
Phot. Lauros-Giraudon.

insurrection se déclara pendant l'été chez les ouvriers de l'industrie textile ; des peines sévères, la mort et les galères, frappèrent les émeutiers. En 1747-1748, une disette avait lourdement éprouvé le pays et avait indirectement hâté la signature du traité d'Aix-la-Chapelle. Le comte d'Argenson, frère du secrétaire d'État aux Affaires étrangères et chargé de la Guerre, le seul à garder son indépendance vis-à-vis de Mme de Pompadour, fut responsable des troubles qui agitèrent Paris de décembre 1749 à mai 1750 : pour moraliser Paris, il avait entrepris de vastes rafles dans la capitale et expédiait en Louisiane filles de mauvaise vie ou vagabonds. Ces mesures conduisirent à un soulèvement général des Parisiens, qui menacèrent de piller les maisons et de marcher sur Versailles.

La guerre de la Succession d'Autriche avait imposé au budget des charges de plus en plus lourdes, et les dépenses — souvent exagérées — de la Cour ne faisaient qu'aggraver la situation financière. Appelé en 1745 au contrôle général des Finances, l'ex-intendant de Valenciennes, Machault d'Arnouville, « entêté comme une tête de fer », entreprit de rétablir l'équilibre. Il prit un certain nombre de mesures ponctuelles : hausses des taxes sur différentes marchandises comme la chandelle et le papier, élévation du bail des fermiers généraux de 92 à 101 millions, lancement d'emprunts. Mais il voulait surtout s'attaquer aux privilégiés : en mai 1749, deux édits furent signés à Marly. Le premier ordonnait un emprunt de 1 800 000 livres de rente à 5 pour 100 ; le second établissait l'imposition du vingtième sur tous les revenus des particuliers, sans distinction de naissance ni de qualité. Cet impôt, loin d'être un expédient limité à la durée d'une guerre, devait être définitif.

Les remontrances du clergé. Alors que le vingtième ne rencontra pas d'opposition dans le peuple, les privilégiés menèrent grand vacarme autour de ce nouvel impôt. Malgré ces protestations, le parlement dut enregistrer les édits de Marly. Les états du Languedoc, qui refusaient de donner à Machault les rôles du dixième, furent dissous en février 1750. Les états de Bretagne, qui manifestèrent eux aussi des tentatives de rébellion, durent céder devant l'intransigeance du contrôleur général, qui fit exiler les meneurs.

△ **Crédit est mort ».** Le paradoxe du règne de Louis XV fut qu'alors que le pays s'enrichissait l'État criait misère. La guerre de la Succession d'Autriche avait accru la dette. La solution était d'augmenter les rentrées d'argent en établissant une certaine égalité devant l'impôt. Déjà le gouvernement de Louis XIV avait tenté, sans résultat, de faire payer les Français proportionnellement à leurs revenus. En remplaçant l'ancien dixième par le vingtième, taxe de 5 p. 100 frappant tous les contribuables, Machault pensait rétablir l'équilibre financier. Image populaire du XVIIIe s. Épinal, musée international de l'Imagerie. Archives I. R. L.

Cependant, la résistance la plus acharnée fut le fait du clergé. Machault était résolu à obliger celui-ci à contribuer largement aux dépenses publiques. Depuis le début du siècle, le clergé n'avait donné au roi que 182 millions. Or le contrôleur général estimait qu'il pouvait être imposé de 20 millions par an. Avec prudence, Machault s'adressa d'abord au « clergé étranger » des provinces réunies à la Couronne au XVIe siècle. En mai 1750, lors de l'assemblée quinquennale du clergé, on annonça qu'en plus du don gratuit il serait prélevé une contribution de 500 000 livres pendant cinq ans au titre du vingtième. L'assemblée refusa de déterminer la répartition de cette contribution et vota des remontrances. La polémique était violente en France : d'un côté, les ecclésiastiques et certains juristes accusaient le roi de vouloir spolier injustement l'Église ; Machault, de son côté, était soutenu par la marquise de Pompadour, les financiers de son entourage, les philosophes, dont Voltaire, qui dénonça l'influence du clergé. Le roi, qui pendant un temps avait maintenu l'équilibre entre les deux partis, eut une crise de dévotion au moment de l'année jubilaire célébrée en 1751 et, sous l'influence du père Griffet, qui dirigeait à la Cour les exercices préparatoires du jubilé, il renonça à soumettre le clergé à l'impôt par un arrêt du conseil du 23 décembre 1751. La grande réforme de Machault avait ainsi échoué, et le vingtième retomba sur la masse du peuple. Les événements de 1750 rapprochèrent le roi du clergé, et ils allaient ensemble s'opposer au parlement. Une nouvelle phase d'opposition apparaissait.

△ **Le contrôleur général des Finances Machault d'Arnouville.** La réforme de Machault ne pouvait que susciter une levée de boucliers de la part des privilégiés, et plus particulièrement du clergé. Soutenu d'abord par Louis XV et Mme de Pompadour, ainsi que par les philosophes, Machault se vit ensuite privé de l'appui royal, et ses mesures firent long feu. Peinture anonyme. Musée national du château de Versailles.
Phot. Lauros-Giraudon.

◁ **Saint Louis, sous les traits de Louis XV, à genoux devant la couronne d'épines.** Le Roi Très Chrétien était depuis 1741 privé des sacrements à cause de son inconduite. Les sermons mystiques du père Griffet le troublèrent profondément pendant le jubilé de 1751 et, s'il n'alla pas jusqu'à modifier sa vie privée, il céda devant les demandes du clergé en permettant à celui-ci de garder ses privilèges devant l'impôt. Peinture de Charles-Antoine Coypel. Musée des Beaux-Arts, Nantes.
Phot. Lauros-Giraudon.

Page suivante : ▷
La marquise de Pompadour. La favorite a demandé au peintre de la représenter sans bijou et feuilletant une partition de musique. Sur la table, on distingue l'*Esprit des lois* de Montesquieu et l'*Encyclopédie,* dont la marquise avait favorisé la publication. Sur ce pastel commandé pour le Salon de 1755, le peintre a voulu représenter la protectrice éclairée des arts, des sciences et des lettres. Pastel de Maurice Quentin de La Tour. Musée du Louvre, Paris.
Phot. Hubert Josse.

1751-1757 La montée des oppositions

NUL NE PEUT CONTESTER QUE Louis XV ait eu des qualités certaines d'intelligence politique, mais les tentatives du roi pour opérer des réformes en profondeur en France, lorsqu'elles ne se heurtaient pas à l'opposition déclarée de la noblesse, du parlement ou du clergé, étaient souvent masquées par la timidité du souverain, semblable à de l'indifférence, et qui faisait passer ses actes d'autorité pour des coups de tête. Un de ses ministres a évoqué son attitude habituelle : « Louis XV avait un jugement droit et une telle habitude des affaires qu'il voyait ordinairement très juste. Dans certains conseils où les ministres dissertaient à perte de vue sur l'état de l'Europe et sur les intérêts des princes, il avait l'air distrait et dormeur ; mais, tout à coup, sortant de là, il s'écriait : " Vous venez tous de battre la campagne ; il n'est point question de ceci ou de cela, ce n'est pas de telle manière qu'ils agiraient ; voici au contraire ce qu'ils feraient... " et il devinait toujours très bien. »

Le travail du conseil d'En Haut était préparé par les conseillers d'État, qui étudiaient les dossiers et possédaient une expérience juridique et technique fort utile lorsqu'ils devenaient, comme c'était souvent le cas, intendants des provinces ou contrôleurs des finances. Malgré l'opposition des parlements locaux, les intendants eurent l'initiative de nombreuses améliorations dans l'administration de leurs provinces. L'organisation du réseau routier, commencée sous l'impulsion de Philibert Orry, trouva un appui considérable dans la création en 1747 de l'École des ponts et chaussées par Trudaine. Les ingénieurs de cette école, recrutés par concours, furent dotés en 1750 d'un véritable statut, fixant la hiérarchie de leurs fonctions et l'échelle de leur traitement. L'initiative de Trudaine introduisait un précédent dans l'administration : pour la première fois, les détenteurs d'une charge ne l'avaient pas achetée et c'était donc la notion de « fonction publique » qui apparaissait ainsi. L'exemple de Trudaine fut suivi dans d'autres domaines : on vit progressivement se mettre en place dans les services techniques des finances, des eaux et forêts, des postes, des corps de fonctionnaires appointés et spécialisés.

Louis XV, malgré son tempérament pacifiste, était persuadé que l'armée et la marine françaises devaient être modernisées pour pouvoir lutter sur terre et sur mer contre les autres nations européennes. Sous l'impulsion de Maurepas, la flotte fut renforcée, en vue d'un conflit avec l'Angleterre, ports et arsenaux furent réorganisés. Les réformes les plus importantes concernèrent l'armée. Louis XV était conscient qu'il fallait donner aux militaires une discipline plus stricte et un entraînement mieux adapté à la guerre moderne et Maurice de Saxe fut chargé d'apporter les modifications nécessaires. Mais le roi voulait surtout que le commandement fût à la mesure d'une grande armée et, pour ce faire, il entreprit de réduire les privilèges des nobles riches, seuls en état d'acheter un régiment et qui se montraient souvent incapables d'assurer leurs fonctions. En novembre 1750, un édit avait conféré la noblesse héréditaire aux officiers ayant le grade de général. La création la plus importante fut en 1751 celle de l'École militaire, destinée à cinq cents jeunes gentilshommes sans fortune, qui y étaient logés, nourris et instruits dans l'art militaire. La fondation de cette école permettait de former des officiers réellement compétents dans le métier des armes et donnait à l'armée un encadrement solide et instruit.

◁ **Vue de la ville de Bordeaux.** Ce sont les milieux de la haute société française qui, à Paris comme en province, eurent le rôle le plus important dans la diffusion des idées nouvelles. Les philosophes, dont les théories ébranlaient l'ordre social et religieux, trouvèrent des sympathies jusque dans l'entourage du roi, en particulier auprès de Mme de Pompadour. Peinture de Claude-Joseph Vernet. Musée de la Marine, Paris.
Phot. G. Dagli Orti.

LE ROI AVAIT ÉTÉ CONTRAINT DE S'INCLINER devant les réticences témoignées par le clergé pour accepter l'impôt du vingtième créé par Machault d'Arnouville. Un obscur conflit qui s'éleva à propos de la composition du comité chargé de la gestion de l'Hôpital général montra les difficultés qui subsistaient entre l'autorité royale et le parlement : ce comité, placé à la tête de l'ensemble des établissements hospitaliers, était de composition janséniste. Pour se concilier l'archevêque de Paris, Louis XV, par la déclaration du 24 mars 1751, modifia la composition du comité. Mais le parlement refusa d'enregistrer le décret et, une nouvelle fois, s'éleva ouvertement contre le souverain.

Les idées nouvelles

△ **L'abbé de Villers-Cotterêts.** Le jansénisme fut une nouvelle fois le prétexte à de violentes querelles religieuses. Aquarelle de Carmontelle. Musée Condé, Chantilly.
Phot. Lauros-Giraudon.

L'affaire des billets de confession.
Le conflit de l'Hôpital général ne fut que la première escarmouche par laquelle l'opposition parlementaire battit en brèche l'autorité royale. Les magistrats allaient trouver dans les querelles religieuses sans cesse renaissantes le prétexte pour se poser en champions de la cause janséniste. L'affaire des billets de confession leur donna l'occasion de manifester leur contestation.

Certains évêques avaient prescrit à leur clergé de refuser les sacrements à ceux qui, soupçonnés de jansénisme, ne pouvaient présenter un billet prouvant qu'ils s'étaient confessés à un prêtre soumis à la bulle *Unigenitus*. En 1752, l'archevêque de Paris, Christophe de Beaumont, fit exiger ces billets de confession. Plusieurs incidents provoqués par cette mesure mirent le feu aux poudres : le curé de Saint-Étienne-du-Mont refusa les sacrements à un vieux prêtre janséniste dont les obsèques furent suivies par plus de dix mille Parisiens ; le curé de Saint-Médard, de son côté, refusa aussi les sacrements à deux religieuses

62 1751-1757 LA MONTÉE DES OPPOSITIONS.

d'une communauté janséniste. Le parlement condamna les deux prêtres, mais le Conseil du roi cassa son arrêt. C'était le début d'une longue lutte aux multiples rebondissements.

La querelle entre le parlement et le clergé, qui passionnait l'opinion publique, tourna vite au ridicule. Des huissiers se présentèrent chez les prêtres pour les sommer d'apporter la communion aux mourants. Les religieux récalcitrants étaient envoyés devant les parlementaires qui les admonestaient. Le clergé devenait de plus en plus impopulaire et d'Argenson notait : « La perte de la religion ne doit pas être attribuée à la philosophie anglaise, qui n'a gagné à Paris qu'une centaine de philosophes, mais à la haine contre les prêtres, qui va au dernier excès. À peine osent-ils se montrer dans les rues sans être hués. Les esprits se tournent au mécontentement et à la désobéissance, et tout chemine à une grande révolution dans la religion et dans le gouvernement. »

L'agitation parlementaire. Attisé par l'affaire des billets de confession, le conflit entre le roi et le parlement, partisan des jansénistes, fut marqué par de multiples incidents qui, pendant plusieurs années, témoignèrent de l'hostilité de la noblesse de robe à l'absolutisme royal. Louis XV ne disait-il pas lui-même que c'était une « assemblée de républicains » ? En fait, il s'agissait de rébellions guidées par le souci qu'avaient les parlementaires de conserver leurs privilèges. Mais, en contestant les décrets du roi et leur enregistrement en lit de justice, ils alléguaient le bien public et l'opinion les qualifiait d'ailleurs de « pères du peuple ».

En février 1753, des lettres patentes furent envoyées par le roi au parlement à propos de l'affaire des sacrements. Loin de les enregistrer, les magistrats adressèrent en avril des remontrances à Louis XV et condamnèrent une fois de plus l'ultramontanisme. Le souverain leur ayant intimé l'ordre d'enregistrer les lettres, ils décidèrent de se mettre en grève. Dans la nuit du 8 mai, les fauteurs de troubles reçurent l'ordre de partir en exil à Pontoise. Les autres cours judiciaires, les parlements de province se mirent de la partie, condamnant certains évêques à des amendes pour avoir refusé les sacrements. Louis XV pensa un moment créer un nouveau parlement dont il nommerait et rétribuerait les membres. Mais, devant les difficultés financières engendrées par la crise (il n'y avait plus de cours pour enregistrer les édits fiscaux), le roi fut contraint de transiger et, en octobre 1753, les parlementaires furent rappelés à Paris, où ils firent une entrée triomphale.

△ **Remontrances du parlement à Louis XV au sujet des billets de confession.** Après avoir pris différentes mesures contre le clergé, les parlementaires usèrent de leur droit de remontrance à l'égard du roi pour le contraindre à condamner la position de l'archevêque de Paris. B. N., Paris.
Phot. Roger-Viollet.

◁ **Entrée solennelle de Monseigneur de Paris, nouvel évêque d'Orléans.** L'Église et le Parlement représentaient deux grandes puissances dont les intérêts étaient souvent contradictoires, en particulier en ce qui concernait le jansénisme dont les parlementaires s'étaient faits les champions. Peinture de Charles Natoire (v. 1750). Musée des Beaux-Arts, Orléans.
Phot. J. L. Charmet.

La querelle rebondit en 1755. En mars, le parlement déclara par un arrêt que la bulle *Unigenitus* « n'avait ni le caractère ni les effets d'une règle de foi », arrêt cassé par le Conseil du roi en avril. Puis un conflit s'éleva entre les parlementaires et le Grand Conseil à propos de leurs juridictions respectives et, pendant des mois, ils se firent la guerre à coups d'arrêts. Pour rétablir la tranquillité, l'ambassadeur de France à Rome obtint en octobre 1756 du pape Benoît XIV une encyclique qui, si elle confirmait l'obligation d'obéir à la bulle *Unigenitus,* supprimait l'exigence du billet de confession. En décembre 1756, le roi tint un lit de justice dans lequel il ordonna de respecter la bulle comme décision d'Église, supprima deux chambres des enquêtes et restreignit le droit de réunion des chambres. Les parlementaires donnèrent alors leur démission en masse et le cours de la justice se trouva suspendu. L'émotion fut énorme chez les Parisiens toujours favorables aux parlementaires. Seul l'attentat de Damiens put faire diversion et apaiser momentanément l'agitation qui avait gagné une grande partie de la France.

Remontrances, grèves, exils s'étaient succédé pendant près de six ans et avaient pour résultat de discréditer l'autorité royale. La religion elle-même sortait affaiblie de ces querelles dont elle avait fourni le prétexte, et l'anticléricalisme des philosophes se donna libre cours. « Étrangler le dernier jésuite avec les boyaux du dernier janséniste », tel était le conseil que donnait ironiquement Voltaire pour remédier à cette situation embrouillée !

Le siècle des Lumières. Alors que l'autorité royale se trouvait en butte aux révoltes du parlement, la France était en proie à une profonde fermentation intellectuelle. Le XVIIIe siècle fut l'époque des philosophes, et jamais on n'avait, dans le pays, autant discuté, lu et écrit que pendant ce « siècle des Lumières ». « Philosopher, écrivait en 1715 Mme de Lambert, c'est rendre à la raison toute sa dignité et la faire rentrer dans ses droits ; c'est secouer le joug de l'opinion et de l'autorité. » L'es-

△ **Le pape Benoît XIV.** L'agitation entre le parlement et le clergé avait atteint son comble, et le roi dut s'adresser au pape pour ramener le calme dans les esprits. « Vous aurez le loisir, écrivait Voltaire à d'Alembert, de farcir l'*Encyclopédie* de vérités qu'on n'eût pas osé dire il y a vingt ans. » Peinture de Pierre Subleyras. Musée Condé, Chantilly.
Phot. Lauros-Giraudon.

◁ **Louis XV en 1751.** Le roi se trouvait tiraillé entre les exigences du clergé et celles, contradictoires, du parlement. Il ne fut pas capable, en fait, de trancher entre les deux partis, et ses hésitations contribuèrent à envenimer la situation. Les épisodes héroïco-burlesques des démêlés du gouvernement royal avec les « robes rouges » n'allaient servir qu'à affaiblir l'autorité de la monarchie. Peinture de Carle Van Loo. Musée des Beaux-Arts, Dijon.
Phot. G. Dagli Orti.

◁ **Rentrée du parlement, le 2 septembre 1754.** Après un exil de quelques mois à Pontoise, les magistrats furent rappelés à Paris, où la foule manifesta sa joie. On voyait en eux les défenseurs du peuple contre l'arbitraire du pouvoir royal. C'était, en fait, oublier que les parlementaires étaient plus soucieux de sauvegarder leurs privilèges que d'être les représentants des revendications populaires. B. N., Paris.
Phot. B. N.

◁ **Le café Manoury, à Paris.**
« Si j'étais souverain, écrit un personnage des *Lettres persanes* de Montesquieu, je fermerais les cafés, car ceux qui fréquentent ces endroits s'y échauffent fâcheusement la cervelle. » Dessin de Vaujuas. Musée Carnavalet, Paris.
Phot. Lauros-Giraudon.

Un dîner de philosophes. ▷
Pour ce repas imaginaire, l'artiste a regroupé autour de Voltaire, qui brandit le bras, les principaux représentants du mouvement philosophique, Diderot, d'Alembert, Condorcet, l'abbé Maury et le poète Laharpe. Gravure anonyme. B. N., Paris.
Phot. Hubert Josse.

prit philosophique avait ses origines dans le *Dictionnaire historique et critique* du protestant Bayle ; réfugié en Hollande, il avait soumis les dogmes chrétiens à l'examen critique de la raison. L'Angleterre avait aussi joué un grand rôle en proposant le modèle d'un système politique pour lequel Voltaire s'enthousiasma. Tous les écrivains et penseurs du XVIIIe siècle se donnèrent pour tâche de critiquer les valeurs traditionnelles en les passant au crible de la raison et des progrès scientifiques.

Dès le début du siècle, le mouvement philosophique s'était dessiné et la parution des *Lettres persanes* de Montesquieu avait été la première manifestation du nouvel esprit critique. Dans la profusion d'œuvres qui jalonnent le siècle, il est difficile de trouver un système cohérent et bien des différences opposent le juriste Montesquieu au matérialiste Diderot, au mathématicien d'Alembert, au naturaliste Buffon ou au touche-à-tout de génie que fut Voltaire. Mais tous eurent en commun de croire à la toute-puissance de la raison, qui, par ses lumières, devait dissiper les contradictions des anciennes erreurs. Chez tous, on retrouve une grande confiance dans la nature humaine et le souci d'organiser l'univers autour de l'homme. Pour cela, ils attaquèrent toutes les institutions établies, dont la plus pernicieuse, à leurs yeux, était la religion. Qu'ils fussent théistes comme Voltaire ou athées comme Diderot, ils dénonçaient les crimes et les inconséquences de l'Église et prônaient la tolérance religieuse. « Écrasons l'infâme ! » ne cessait de répéter Voltaire, qui, mieux que n'importe quel écrivain du XVIIIe siècle, sut tourner en ridicule les dogmes, le clergé et les pratiques religieuses. L'homme étant défini comme un « être social », les institutions politiques et l'organisation de la société furent l'objet de violentes critiques. Tous les philosophes se rejoignaient pour condamner la monarchie absolue et rechercher un ordre social garantissant les droits naturels de l'homme. Mais ils différaient dans les modèles qu'ils proposaient : alors que Voltaire et Diderot étaient séduits par le despotisme éclairé de Frédéric de Prusse et de Catherine de Russie, Montesquieu se prononçait pour un gouvernement aristocratique et Rousseau pour une république fondée sur la moralité et les vertus civiques. Tous revendiquaient les libertés essentielles pour les personnes et les

△ **Jean-Jacques Rousseau.** Instable et asocial, le philosophe de Genève eut une existence à l'opposé de celle de Voltaire. Ce « rêveur solitaire » rompit avec les philosophes de son siècle, et ses thèses révolutionnaires sur la souveraineté populaire et la démocratie inspirèrent toute une génération. Pastel de Maurice Quentin de La Tour. Musée Antoine Lécuyer, Saint-Quentin.
Phot. Bulloz.

Une illustration du *Candide* de Voltaire. ▷ Les héros du roman rencontrent à Surinam un esclave noir travaillant dans une plantation de cannes à sucre et qui les émeut profondément par le récit des mauvais traitements infligés par son maître. La seule justification de cet esclavage inhumain est la satisfaction des goûts de luxe des Européens. Avec une logique sans faille qui, au nom du sens commun, détruit les certitudes établies, Voltaire sut utiliser avec un rare bonheur tous les genres littéraires pour mener son combat philosophique contre tous les abus. Gravure d'après un dessin de Moreau le Jeune. B. N., Paris.
Phot. Larousse.

C'est à ce prix que vous mangez du sucre en Europe.

Candide Chapitre 19.

biens, une justice profondément réformée, l'égalité de tous devant la loi. En posant pour principe que le bonheur restait le bien suprême, les philosophes du siècle des Lumières détruisaient l'ordre ancien du fanatisme et des préjugés pour construire la cité idéale.

L'*Encyclopédie*. Toutes les idées qu'agitèrent les philosophes au XVIIIe siècle trouvèrent leur expression accomplie dans l'*Encyclopédie*. En 1745, le libraire Le Breton s'était proposé de publier une traduction de la *Cyclopaedia* de l'Anglais Chambers, dictionnaire des sciences et des arts accompagné de planches d'illustrations. Il s'adressa à Diderot, qui s'enthousiasma pour le projet et résolut de faire non la traduction de l'œuvre de Chambers, mais un répertoire universel des connaissances humaines. Il prit pour collaborateur d'Alembert et rechercha l'appui de puissants protecteurs, parmi lesquels le comte d'Argenson et Mme de Pompadour. En 1750, le *Prospectus*, rédigé par Diderot, attira deux mille souscripteurs. Tous les écrivains de l'époque furent appelés à fournir leur collaboration et, si Diderot fut le principal rédacteur avec à son actif plus de mille

◁ **Diderot.** Son père le destinait à l'état ecclésiastique, mais le jeune Denis Diderot préféra quitter sa ville natale de Langres pour mener à Paris une vie de bohème. Son œuvre multiple reflète les contradictions de cet esprit novateur et génial. « Voltaire est le dernier esprit de l'ancienne France, écrivirent les frères Goncourt, Diderot est le premier génie de la France nouvelle. » Pourtant, ses contemporains ne connurent guère de lui que ses critiques artistiques et littéraires ainsi que sa réalisation de l'*Encyclopédie*. Peinture de Jean-Honoré Fragonard. Musée du Louvre, Paris.
Phot. Lauros-Giraudon.

△ **D'Alembert.** Ce fils naturel de Mme de Tencin fut un des plus grands mathématiciens du siècle, mais il dut surtout sa célébrité à sa contribution à l'*Encyclopédie*. Pastel de Maurice Quentin de La Tour. Musée du Louvre, Paris.
Phot. Réunion des musées nationaux.

Une planche de l'*Encyclopédie* représentant les ouvriers d'une papeterie. ▷
Une des grandes nouveautés de l'*Encyclopédie* fut d'accorder une large place aux « arts mécaniques », illustrés par des planches reproduisant, avec un grand luxe de détails les outils et les différentes opérations techniques des métiers manuels.
Phot. Lauros-Giraudon.

articles sur les sujets les plus divers, l'*Encyclopédie* fut l'œuvre de tous les grands esprits et de tous les spécialistes du siècle.

Le 1er juillet 1751, paraissait le premier volume, précédé du *Discours préliminaire* de d'Alembert. Immédiatement les jansénistes et les jésuites se mirent pour une fois d'accord et s'émurent des attaques contre les dogmes que contenaient certains articles. Un collaborateur de Diderot, l'abbé de Prades, fut condamné par la Sorbonne pour avoir soutenu une thèse matérialiste sur la Genèse et, effrayé par le scandale, Mgr de Beaumont fit interdire la vente et la détention des deux premiers tomes de l'*Encyclopédie* en février 1752. Grâce à la protection de Mme de Pompadour, ennemie des jésuites, et de Malesherbes, directeur de la librairie, la situation se rétablit pour Diderot et, de 1753 à 1757, parurent les tomes III à VII. L'attentat de Damiens en 1757 redonna de la puissance aux dévots : les publicistes chrétiens, Fréron et Moreau, bibliothécaire de la reine, s'en prirent aux philosophes qu'ils peignirent sous les traits des Cacouacs, une mystérieuse peuplade acharnée contre la morale et la religion. Rousseau et les pasteurs genevois mirent en cause l'article *Genève* rédigé par d'Alembert. En 1758, l'ouvrage *De l'esprit* d'Helvetius fut condamné par le parlement et le procureur Joly de Fleury dénonça dans son réquisitoire l'influence pernicieuse de l'*Encyclopédie*. Le parti dévot triomphait et, le 8 mars 1759, un arrêt du Conseil d'État interdisait la vente de l'*Encyclopédie*, dont les souscripteurs devaient être remboursés. La mesure était dure pour Diderot, car il y avait alors plus de 4 000 souscripteurs. Malesherbes vint une nouvelle fois à son secours en permettant le remboursement par les volumes de planches. Entretemps, d'Alembert, fatigué des persécutions, s'était retiré de l'affaire et Diderot poursuivit seul l'œuvre entreprise en faisant publier clandestinement les dix livres

△ *À l'egide de Minerve.* À la devanture de cette librairie des Pays-Bas autrichiens (Belgique), sont affichées les œuvres des Encyclopédistes (d'Alembert, Helvétius, Voltaire, Rousseau) ainsi que l'édit de tolérance de l'empereur Joseph II qui permettait à ces œuvres d'être éditées en terre d'Empire. Peinture de Léonard Defrance. Musée des Beaux-Arts, Dijon.
Phot. Lauros-Giraudon.

de textes non encore parus. À la fin de 1765, ces dix volumes parurent sous le nom d'une firme de Neuchâtel et les onze volumes de planches furent édités sans encombre entre 1762 et 1772.

Les salons. Dans la diffusion des Lumières, les salons littéraires de Paris, où se rencontraient philosophes, savants, artistes, magistrats et grands seigneurs, jouèrent un rôle de première importance. Sous la légèreté des mœurs et des propos, les idées nouvelles s'exprimaient et Rousseau pouvait dire de ces salons : « On y parle de tout, pour que chacun ait quelque chose à dire ; on n'approfondit point les questions, de peur d'ennuyer ; on les propose comme en passant ; on les traite avec rapidité ; la précision mène à l'élégance... le sage même peut rapporter de ces entretiens des sujets dignes d'être médités en silence. » La frivolité apparente des conversations cachait mal en fait la subversion des idées qui étaient débattues entre les beaux esprits toujours à la recherche des théories nouvelles.

Deux égéries des philosophes. À gauche : Mme d'Épinay (pastel de Jean-Étienne Liotard, musée d'Art et d'Histoire, Genève) ; à droite : Mme de Tencin (Musée dauphinois, Grenoble). Dans leurs salons, on pouvait rencontrer des intellectuels de tous les pays d'Europe.
Phot. Artephot-Held et Lauros-Giraudon.

Une soirée chez Mme Geoffrin, en 1755. Les acteurs Lekain et Mlle Clairon font la première lecture de *l'Orphelin de la Chine*, drame de Voltaire, dont le buste domine l'assistance. Le peintre a réuni une véritable galerie de portraits des écrivains (Marivaux, Rousseau, d'Alembert, Diderot, etc.), des musiciens (Rameau), des peintres (Van Loo) et des hommes politiques qui fréquentaient le salon de Mme Geoffrin (au premier plan, en robe bleue). Cette bourgeoise intelligente et généreuse sut pendant plus de vingt-cinq ans réunir dans son salon de la rue Saint-Honoré les meilleurs représentants des arts et des lettres. Son goût pour la peinture lui permit de réunir une magnifique collection de tableaux. Peinture d'Anicet Charles Gabriel Lemonnier. Rouen, Académie des Sciences et Belles-Lettres, en dépôt au musée des Beaux-Arts.
Phot. Lauros-Giraudon.

Au début du XVIIIe siècle, les salons les plus célèbres étaient restés essentiellement littéraires, comme la « cour de Sceaux », où recevait la jolie duchesse du Maine, ou le salon de Mme de Lambert qui avait voulu faire revivre l'atmosphère de l'hôtel de Rambouillet. Mme de Tencin, après une jeunesse agitée, pendant laquelle elle eut pour amants le Régent et le cardinal Dubois et mit au monde un enfant naturel, le futur d'Alembert, ouvrit dans son appartement de la rue Saint-Honoré un « bureau d'esprit » fréquenté par Montesquieu, Marivaux, Helvétius et Marmontel. La marquise du Deffand était réticente à l'égard de l'esprit philosophique, elle n'en reçut pas moins rue Saint-Dominique Montesquieu, d'Alembert et les Encyclopédistes. Ces derniers trouvèrent un appui appréciable chez Mme Geoffrin, une riche bourgeoise qui sut mettre à profit ses relations pour subventionner l'*Encyclopédie*. Le renom de son salon « philosophique » attirait des étrangers venus de l'Europe entière. La demoiselle de compagnie de Mme du Deffand, Mlle de Lespinasse, après avoir reçu dans son entresol les habitués de la marquise, ouvrit à son tour son propre salon, dont l'habitué le plus assidu fut d'Alembert.

L'épanouissement de l'esprit scientifique. Les philosophes avaient foi dans le progrès et la vogue des sciences se développa dans tous les milieux cultivés. De nombreux ouvrages de vulgarisation scientifique, auxquels les *Entretiens sur la pluralité des mondes* de Fontenelle avaient ouvert la voie, mettaient à la portée du public les théories les plus ardues. Aussi vit-on se multiplier chez les riches particuliers les « cabinets de physique », de « curiosités » ou d'« histoire naturelle », dans lesquels ils rassemblaient leurs amis pour se livrer à des expériences sur les dernières découvertes de la science. Chez son amie Mme du Châtelet, Voltaire possédait son « laboratoire », dans lequel il se livrait avec passion à l'expérimentation de la physique newtonienne. Les dames du monde se pressaient chez l'abbé Nollet pour être « électrisées » par ce démonstrateur talentueux. Bientôt Mesmer allait soigner les malades avec son baquet magnétique. Les Académies de sciences se multipliaient en

△ Mme Geoffrin se faisant faire la lecture par son domestique pendant son déjeuner. Avant d'accueillir peut-être les plus brillants esprits de son temps, Mme Geoffrin prend un frugal repas devant sa cheminée. Mais cela ne l'empêche pas de continuer à se cultiver et son valet a abandonné son balai pour faire la lecture à sa maîtresse d'une des dernières nouveautés parues. Peinture d'Hubert Robert. Coll. part.
Phot. Pierre Bérenger-Agence Top.

Europe et celle de Paris jouissait d'un grand renom dû à ses publications. On s'écrasait aux cours de physique expérimentales. L'électricité surtout passionnait les Français : en 1745, en construisant la « bouteille de Leyde », un professeur hollandais mettait au point le premier condensateur et les expériences de la bouteille firent courir tout Paris. En 1750, un mémoire qui démontrait les analogies entre la foudre et l'électricité, annonçant les découvertes de Franklin, fut couronné par l'académie de Bordeaux.

L'*Encyclopédie,* dans ses planches illustrées, avait attiré l'attention sur l'importance des « arts mécaniques ». De nombreuses inventions, souvent venues d'Angleterre, apportèrent des améliorations techniques dans l'industrie. La « navette volante », imaginée en 1733 par l'Anglais John Kay, permit de tisser plus rapidement des pièces de tissu plus large. Dans les filatures, l'introduction de la « spinning-jenny » en 1765, puis de la « mule-jenny » en 1779 permit d'améliorer la qualité des fils produits par les manufactures. Grâce à la « machine à cylindre », on pouvait imprimer en couleurs certaines étoffes comme le velours de satin et les étoffes de laine. Les applications de la force de la vapeur, connue grâce à Denis Papin, furent mises au point par les Anglais et les premières « pompes à feu » furent utilisées dans les mines d'Anzin dès 1732. Avant même que James Watt eût apporté des améliorations décisives dans la conception des machines à vapeur, certains Français avaient imaginé d'utiliser cette force nouvelle pour les transports : l'ingénieur Cugnot lança en 1771 dans la cour de l'Arsenal son fardier à vapeur qui atteignit la vitesse de 3,500 km à l'heure. Jouffroy d'Abbans réalisa de son côté le « pyroscape », le premier bateau à vapeur auquel il fit remonter la Saône. Ces expériences restèrent momentanément sans lendemain, mais

△ **Mme du Châtelet.** La « belle Émilie » se passionnait pour les sciences et s'attacha à répandre le newtonisme en France par sa traduction des *Principes mathématiques* du savant anglais. Elle associa Voltaire à ses recherches dans son château de Cirey. Pastel d'après Maurice Quentin de La Tour. Coll. part.
Phot. Lauros-Giraudon.

La comète de Halley ▷ observée, en 1759, à l'Observatoire de Paris par Cassini et de nombreux curieux. Le XVIIIe siècle voit le triomphe de la méthode expérimentale, qui montre l'absurdité des explications fantaisistes des « phénomènes naturels. Le progrès des mathématiques profita à l'astronomie, et le mathématicien Clairaut, par l'application des lois de Newton, put calculer que la comète, observée par Halley en 1682, reviendrait en 1759. B. N., Paris.
Phot. Larousse.

Messieurs d'Alainville et de Montany s'adonnant à la chimie. Les Français se passionnaient pour les sciences expérimentales. Les riches particuliers invitaient leurs amis dans leurs « laboratoires », où ils exécutaient les expériences à la mode. D'autres collectionnaient des minéraux ou des animaux rares. Les charlatans trouvaient aussi leur compte dans cette « fièvre d'intelligence » et étaient prompts à tirer des bénéfices des découvertes scientifiques. Aquarelle de Carmontelle. Musée Condé, Chantilly.
Phot. Lauros-Giraudon.

△ **La manufacture d'indiennes des frères Wetter.** Les principales améliorations apportées dans l'industrie textile furent l'œuvre de techniciens anglais. Introduites en France, elles accélérèrent le rythme de production des manufactures. Peinture de Joseph-Gabriel Rossetti. Musée municipal, Orange.
Phot. Hubert Josse.

Planche de l'*Encyclopédie*. ▷ Cette vue perspective d'un « patouillet », ou atelier dans lequel on traite le minerai de fer, montre avec précision la technique utilisée dans les forges au XVIIIe siècle. Il faudra attendre l'introduction de la vapeur comme force motrice pour obtenir des progrès décisifs.
Phot. Lauros-Giraudon.

elles ouvraient des perspectives intéressantes sur les possibilités offertes par les innovations techniques. Grâce aux encouragements apportés par le gouvernement et à son aide financière, de nombreuses entreprises industrielles purent se fonder et presque toutes les branches d'activité connurent une prospérité remarquable : les produits chimiques (l'eau de Javel à Javel et la soude à Saint-Denis), les papeteries (Angoulême, Annonay), les toiles peintes (la manufacture de Jouy fondée par Oberkampf), la savonnerie, les glaces ou l'armement témoignèrent de la vitalité de l'industrie française et ce fut alors que naquirent les premières grandes dynasties d'affaires. On commença aussi à exploiter les gisements miniers dans le nord, à Anzin, où travaillaient 4 000 ouvriers, et dans le Massif central (Montceau-les-Mines, Alès, Carmaux). Les établissements métallurgiques du Creusot, fondés en 1781, possédaient quatre hauts fourneaux et deux marteaux-pilons.

Les sciences naturelles profitèrent aussi de l'intérêt du siècle pour toutes les connaissances scientifiques. Le Jardin des Plantes, fondé au siècle précédent, devint sous le règne de Louis XV une des promenades favorites des Parisiens, venus admirer les multiples variétés botaniques rassemblées par les frères Jussieu. En 1739, Buffon fut nommé intendant du Jardin des Plantes et s'entoura d'éminents collaborateurs. Dans les 36 volumes de son *Histoire naturelle,* parus entre 1749 et 1788, il donna le tableau des connaissances en zoologie, botanique et géologie.

Dupleix et l'Inde. La France manqua l'occasion de s'établir durablement aux Indes pendant le XVIIIe siècle. Le grand pays asiatique avait été l'objet des convoitises européennes dès le début du XVIIe siècle et les Anglais avaient constitué une puissante compagnie des Indes orientales qui s'était établie à Bombay, Calcutta et Madras. Arrivés plus tard, les Français, grâce à la création de la Compagnie des Indes orientales par Colbert, avaient pris position à Pondichéry et à Chandernagor sous le règne de Louis XIV, puis à Mahé, à Yanaon et à Karikal au début du règne de Louis XV. La possession de territoires d'outre-mer intéressait fort peu la France et seuls les intérêts commerciaux (trafic des épices, du thé et des étoffes) semblaient importants à préserver et à élargir. François Dumas, qui avait été gouverneur de la Compagnie des Indes de 1735 à 1741, fut cependant le premier à engager la France dans les affaires intérieures de l'Inde. À sa mort, la Compagnie nomma à sa place Dupleix, qui, depuis 1731, était gouverneur de Chandernagor.

Trouvant surannées les méthodes de la Compagnie, Dupleix décida de mener aux Indes une politique novatrice qui permettrait à la France d'établir un puissant empire. La grande décomposition de l'empire moghol, qui rendait difficiles les échanges commerciaux, faisait un devoir d'assurer la position de la Compagnie, et Dupleix commença par s'appuyer sur les princes locaux, auxquels il fournit des soldats indigènes équipés à l'européenne. La guerre de la Succession d'Autriche, les répercus-

La Manufacture des cristaux de la reine, au Creusot. La prospérité de la ville fut liée à l'exploitation, au XVIIIe siècle, de son gisement minier. C'est là que, pour la première fois, on traita le minerai de fer avec la houille, et non avec le charbon de bois. Le Creusot devint rapidement un grand centre métallurgique et, en 1787, on y installa une fonderie de canons. B. N., Paris.
Presses de la Cité.

sions des luttes franco-anglaises en Europe lui permirent de dominer les compagnies anglaises. Le gouverneur de l'île de France, Mahé de La Bourdonnais, lui apporta le soutien de sa flotte et vint mettre le siège devant Madras, qui fut prise en septembre 1746. Mais, contre l'avis de Dupleix, La Bourdonnais accepta de rendre Madras aux Anglais contre une somme de 11 millions de livres. Dupleix refusa de reconnaître cette capitulation, qu'il considérait comme une trahison et continua le combat contre les Anglais. Contre son adversaire lord Clive, qui défendait les intérêts de la compagnie anglaise, il mena une lutte marquée par de nombreux épisodes héroïques et défendit en 1748, pendant quarante-deux jours, Pondichéry assiégée par les flottes de l'amiral Boscawen. Cependant, le traité d'Aix-la-Chapelle du 28 octobre lui fit perdre le fruit de sa résistance et Madras fut rendue aux Britanniques.

En dépit de l'incompréhension gouvernementale, Dupleix décida de poursuivre sa politique de pénétration chez les princes indigènes. Aidé par un collaborateur de talent, le marquis de Bussy, il utilisa ses forces militaires en les affermant à ces petits souverains qui devaient les entretenir et lui assurer en échange des avantages commerciaux et territoriaux. Avec quelques centaines de Français et des cipayes, ou soldats indigènes armés à

△ **Le port de Marseille en 1754.** La prospérité de la grande ville tenait, en grande partie, à son commerce avec l'Europe orientale. Comme les autres ports français, ses intérêts pour les terres lointaines étaient essentiellement commerciaux, et Dupleix fut un des seuls à affirmer que ces bénéfices étaient insuffisants pour permettre aux Français de s'établir durablement aux Indes. Peinture de Joseph Vernet. Musée du Louvre, Paris.
Phot. Lauros-Giraudon.

La Bourdonnais. Ce gouverneur des îles de France et de Bourbon s'attaqua courageusement à la flotte britannique pendant la guerre de la Succession d'Autriche. Mais, ayant rendu Madras aux Anglais, il encourut une accusation de trahison et fut embastillé pendant trois ans. Peinture de Giroud. Musée des Arts africains et océaniens, Paris.
Phot. Lauros-Giraudon.

Robert Clive. Entré au service de la Compagnie des Indes orientales en 1743, ce général anglais sera le fondateur de l'empire britannique aux Indes en chassant les Français du pays et en forçant les chefs du Bengale, du Bihâr et de l'Orissa à reconnaître sa souveraineté. Mais Clive fut, comme Dupleix, victime de l'incompréhension de ses concitoyens : accusé en 1773 de concussion, il préféra se donner la mort. Peinture de Nathaniel Dance. National Portrait Gallery, Londres.
Archives I. R. L.

Dupleix contraint les Anglais à lever le siège de Pondichéry. Malgré son héroïsme dans les combats engagés contre les Anglais et son habileté à traiter avec les souverains de l'Inde, Dupleix ne put donner à la France le vaste empire colonial qu'il avait voulu créer aux Indes. Il ne trouva personne en France pour appuyer ses projets et eut une fin misérable. Gravure de Sergent. Musée des Arts africains et océaniens, Paris.
Phot. G. Dagli Orti.

l'européenne, Bussy mena dans le Dekkan et le Carnatic des campagnes victorieuses en mettant en déroute des armées beaucoup plus importantes que les siennes. Pendant quelques années, les Français détinrent une véritable hégémonie dans une bonne moitié de l'Inde. Mais la politique aventureuse de Dupleix était loin d'être approuvée par la Compagnie, qui pensait surtout à ses intérêts commerciaux. De plus, le train de vie luxueux, digne des splendeurs orientales, que menait le gouverneur, l'avidité et l'ambition de sa femme, la « bégum Jeanne », étaient violemment critiqués à Paris. D'ailleurs, à Versailles et à Londres, on était désireux de maintenir la paix entre la France et l'Angleterre et on voulait éviter tout ce qui pourrait provoquer une guerre franco-britannique en Inde. En août 1754, un des dirigeants de la Compagnie, Godeheu de Zaimont, arriva à Pondichéry et fit embarquer Dupleix à destination de la France. Celui qui fut un des plus grands coloniaux de l'Ancien Régime passa le reste de sa vie à tenter d'obtenir de la Compagnie le remboursement des fonds qu'il avait avancés et mourut dans la misère. Le 26 décembre 1754, le « traité Godeheu », signé à Madras, interdisait aux compagnies anglaise et française toute activité politique en Inde et équivalait à un désaveu de la politique de Dupleix.

△ **L'attentat de Damiens.** Il était facile d'approcher le roi, car la surveillance de Versailles était très insuffisante. Mais si personne n'avait guidé la main de Damiens, son acte n'était que la conséquence indirecte des troubles politiques, religieux et sociaux qui agitaient la France depuis 1750. Louis XV fut profondément affecté par cet attentat révélateur de la haine que lui portait une partie de son peuple, et il comprit fort bien que l'atmosphère passionnelle entretenue dans le royaume par la fronde parlementaire était responsable du « petit coup de canif » du malheureux Damiens. B. N., Paris.
Phot. Tallandier.

L'attentat de Damiens. Le 5 janvier 1757, le roi, montant dans son carrosse pour aller souper à Trianon, fut frappé d'un coup de couteau par un inconnu. En fait la blessure était superficielle, car l'épais vêtement de Louis XV avait atténué la portée du coup, mais le roi se crut empoisonné et la plus grande confusion régna à la Cour. Arrêté, l'assassin se révéla être un déséquilibré nommé Robert-François Damiens, qui, malgré la torture, refusa de dénoncer ses complices. En fait, il avait certainement agi seul, mais, dans l'atmosphère de mécontentement qui, depuis plusieurs années, régnait en France, on parla vite d'un complot fomenté par les jansénistes et les parlementaires. L'esprit troublé de Damiens avait sans doute été influencé par les querelles qui divisaient les Français et par les violentes campagnes de libelles menées contre l'autorité royale, mais il fut impossible de prouver une quelconque complicité. Jugé rapidement, Damiens fut accusé de régicide et condamné à subir le supplice de Ravaillac : poing droit coupé, chairs tenaillées arrosées de plomb fondu et écartèlement. « La journée sera rude », s'était borné à dire au matin de son exécution celui qui était la dernière victime des querelles du parlement et du clergé.

Le roi se remit vite de sa blessure, mais il avait eu très peur et, comme au moment de sa maladie de Metz, avait vu dans l'attentat un avertissement du ciel. Il s'était livré à une confession de ses fautes, en demandant pardon à la reine et à ses enfants du scandale qu'il avait pu causer. Machault crut bon alors de demander à la marquise de Pompadour de se retirer. Une fois le roi guéri, la favorite se vengea du ministre, qui se vit congédier par Louis XV le 1er février. En même temps que Machault, tomba le comte d'Argenson. En plus de ses griefs personnels, Louis XV, effrayé par la haine qu'avait révélée l'attentat de Damiens, donnait ainsi satisfaction à l'opinion publique en renvoyant deux ministres particulièrement détestés, Machault pour avoir créé l'impôt du vingtième, d'Argenson pour être le chef du parti « jésuite » et responsable de la police. Alors que la guerre déchirait l'Europe, Louis XV sacrifiait deux de ses plus précieux collaborateurs et l'instabilité ministérielle qui s'ensuivit trahit l'affaiblissement de la monarchie.

△ **Portrait de Damiens.** Ancien soldat, le régicide avait été valet chez des parlementaires et, dans l'exaltation de son cerveau dérangé, il voulut, selon ses propres dires, « rappeler le roi à ses devoirs ». B. N., Paris. *Phot. Bulloz.*

Damiens interrogé devant ses juges, au Châtelet de Paris. La torture, contre laquelle s'élevaient vigoureusement les philosophes, était encore en usage pour ▷ obliger les coupables aux aveux. Gravure. Château de Versailles. *Phot. G. Dagli Orti.*

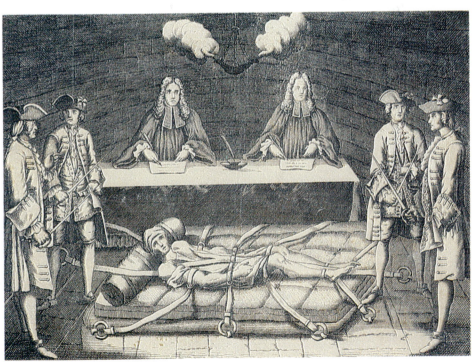

1751-1757 LA MONTÉE DES OPPOSITIONS

△ **L'atelier des ouvrières dans la manufacture d'indiennes des frères Wetter.** L'activité de cette grande fabrique de cotonnades reflète bien l'expansion de l'industrie textile, où s'illustrèrent en particulier Oberkampf pour les indiennes de Jouy et Vaucanson pour les étoffes de soie. Peinture de Joseph-Gabriel Rossetti. Musée municipal, Orange.
Phot. Hubert Josse.

1756-1763 La guerre de Sept Ans

LA PAIX CONCLUE AU TRAITÉ D'AIX-LA-CHAPELLE EN 1748 n'avait été que de courte durée, et il ne s'était agi que d'une trêve dans le conflit qui opposait les puissances européennes. Les hostilités allaient renaître en 1756 et durer sept ans. Mais, depuis la guerre de la Succession d'Autriche, les relations entre nations avaient évolué et le « renversement des alliances » avait transformé les rapports entre États. La crise européenne qui débuta en 1756 avait en fait deux raisons principales : la rivalité maritime et coloniale qui opposait la France et l'Angleterre en Amérique du Nord et dans l'Inde ; l'inquiétude de l'Autriche devant les progrès de la Prusse et la volonté qu'avait Marie-Thérèse de reprendre la Silésie à Frédéric II.

Depuis le XVIIe siècle, les Français avaient pénétré à l'intérieur du Canada et possédaient, du Saint-Laurent au Mississippi, un territoire très vaste. Ils avaient construit dans la vallée de l'Ohio des forts pour barrer la route aux Anglais, qui disposaient de forces militaires supérieures aux leurs. La lutte s'engagea sérieusement après le traité d'Aix-la-Chapelle le long du cours de l'Ohio. En 1754, des miliciens de Virginie, commandés par le jeune George Washington, tuèrent dans des conditions obscures un officier français, Jumonville, et les Français ripostèrent en prenant Fort Necessity, où les colons britanniques étaient installés. L'année suivante, le 10 juin 1755, deux vaisseaux français, l'*Alcide* et le *Lys,* victimes de « l'attentat de Boscawen », furent capturés près des bancs de Terre-Neuve par les Anglais. Peu de temps après, trois cents navires français et leurs cargaisons estimées à 30 millions étaient pris par les corsaires anglais. Mais, alors que l'Angleterre se préparait activement à combattre, Louis XV se résignait difficilement à accepter une guerre qui lui répugnait.

L'Angleterre se préoccupait de nouer des alliances en Europe. Le 16 janvier 1756, Frédéric de Prusse conclut un accord de garantie militaire avec le souverain britannique George II. Ce traité provoqua la rupture entre la Prusse et la France et, craignant de se trouver isolé devant une coalition dirigée contre lui, Louis XV décida d'accepter les propositions d'entente que lui faisait depuis plusieurs années Marie-Thérèse d'Autriche. L'ambassadeur de cette dernière, Kaunitz, avait su gagner la confiance de Mme de Pompadour, qui avait chargé son ami, l'abbé de Bernis, de négocier avec l'Autriche. Le 1er mai 1756, un traité était signé à Versailles, par lequel les deux nations s'engageaient à s'assister mutuellement. Puis, le 11 janvier 1757, par la signature de la convention de Saint-Pétersbourg, la tsarine Élisabeth accédait à ce traité mais obtenait le consentement de Louis XV à la traversée de la Pologne par ses troupes. Ce renversement des alliances heurta fortement l'opinion publique française, hostile depuis toujours à la Maison d'Autriche et, en revanche, pleine de sympathie pour Frédéric de Prusse, qui restait toujours le « despote éclairé » apprécié des philosophes.

◁ **Épisode de la guerre de Sept Ans.** Ce conflit qui dura de 1756 à 1763 opposa d'une part la France et l'Angleterre dans leurs ambitions coloniales et d'autre part la Prusse et l'Autriche. À cause du « renversement des alliances », les armées françaises, devenues les alliées des Autrichiens, se trouvèrent engagées à la fois sur mer et sur le continent. Peinture de J.-B. Le Paon. Musée Condé, Chantilly. *Phot. Giraudon.*

GRÂCE AU RENVERSEMENT DES ALLIANCES, la France et l'Autriche étaient désormais alliées et obtenaient l'appui de l'impératrice de Russie, du roi de Suède, de l'Électeur de Saxe et de la plupart des princes allemands. Afin de prévenir les effets de cette coalition, Frédéric II prit l'initiative et se jeta sur la Saxe en août 1756. Dès lors, deux guerres allaient se dérouler simultanément, l'une entre la Prusse et la coalition européenne en Allemagne et aux frontières de la Bohême et de la Pologne, l'autre sur mer et dans les colonies entre la France et l'Angleterre.

Victoires et revers. Les premiers affrontements sur mer furent favorables à la France. Après avoir appareillé à Toulon le 12 avril 1756, l'escadre française, placée sous le commandement de La Galissonnière, arriva à Minorque et vainquit la flotte

La France de Choiseul

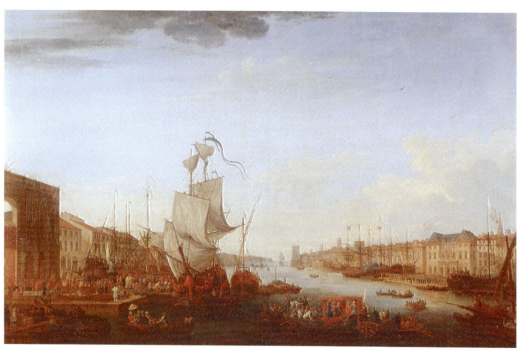

Bataille navale de Quiberon (20 novembre 1759). La flotte de Brest commandée par Conflans projetait un débarquement sur les côtes anglaises. Mais elle se trouva bloquée entre Quiberon et Belle-Isle par l'amiral Hawke qui coula deux vaisseaux et en brûla deux autres. Après cette défaite qui suivait celles infligées en Méditerranée, la France avait perdu sa puissance maritime. Peinture de Richard Wright. National Maritime Museum, Greenwich.
Archives I. R. L.

◁ **En présence du duc de Richelieu**, le corps expéditionnaire français s'embarque à destination de Minorque. Malgré des premiers succès remportés sur les Anglais à Minorque, la flotte française, mal commandée et très inférieure en nombre aux forces considérables de la marine anglaise, ne put soutenir longtemps la guerre navale contre sa rivale. Peinture de Jean-Joseph Kapeller. Musée Cantini, Marseille.
Archives I. R. L.

Prise du fort Saint-Philippe à Port-Mahon par l'armée française le 29 juin 1756. Après la victoire navale de l'escadre de La Galissonnière sur les Anglais, les troupes de Richelieu eurent raison de la résistance du fort Saint-Philippe qui capitula le 29 juin. Peinture de Joseph Chiesa. Musée de la Marine, Paris.
Phot. Larousse.

de l'amiral anglais Byng, ce qui permit au maréchal de Richelieu de s'emparer de Port-Mahon, une place réputée inexpugnable. Mais ces victoires qui enlevaient aux Anglais le contrôle de la Méditerranée n'eurent qu'un effet momentané, car, dans les années qui suivirent, la flotte anglaise reprit l'avantage sur les côtes de France et infligèrent de lourdes défaites aux navires français, en particulier à Quiberon, où, en 1759, l'amiral de Conflans fut défait par l'amiral Hawke.

Sur le continent, Frédéric de Prusse, privé de l'aide de l'Angleterre qui avait consacré ses forces à la lutte sur mer, se trouvait seul face aux armées coalisées. Avec son armée d'environ 150 000 hommes, il prit l'initiative en Bohême et en Saxe en tentant d'empêcher la jonction des troupes de Marie-Thérèse et de l'Électeur de Saxe. Mais la guerre commença

△ **Scène de pillage.** La guerre en Europe s'accompagna de l'inévitable cortège des exactions commises par les armées sur les populations des campagnes : villages et récoltes brûlés, paysans massacrés. En laissant ses troupes ravager les terres de Hanovre, le maréchal de Richelieu s'acquit une triste réputation de pillard, même si le maraudage était pratique courante dans les guerres du XVIIIe s. B. N., Paris.
Phot. Tallandier.

La bataille de Hochkirch ▷ en Saxe (14 octobre 1758). Sa victoire à Rossbach ne rendit pas la situation plus facile pour Frédéric II, attaqué à la fois par les armées autrichienne, française, russe et suédoise. Il fut à deux doigts de sa perte lors de la bataille de Hochkirch où il fut vaincu par le généralissime des troupes autrichiennes, le comte von Daun. Peinture de Johann Christian Brand. Musée de Vienne.
Phot. Erich Lessing-Magnum.

par une série de défaites pour le roi de Prusse et ses alliés : vaincu à Kolin le 18 juin 1757, Frédéric dut évacuer la Bohême, tandis que la Prusse orientale était envahie par la Russie et la Poméranie par les Suédois. Les Français étaient entrés en Westphalie. Le maréchal de Richelieu occupa le Hanovre et contraignit l'armée anglo-hanovrienne du duc de Cumberland à signer la capitulation de Kloster-Zeven (8 septembre 1757). Cependant, Richelieu ne profita pas de son avantage et se contenta de soumettre le pays à un pillage réglé, ce qui lui valut le surnom peu flatteur de « Père la Maraude ».

La lutte difficile du roi de Prusse.
Frédéric II sut tirer parti d'une situation qui semblait désespérée pour lui : le 5 novembre 1757, il battait à Rossbach une armée franco-allemande commandée par l'incapable Soubise, favori de Louis XV. Soubise devint la risée des Français qui raillèrent durement sa défaite :

« Soubise dit, la lanterne à la main,
J'ai beau chercher ! Où donc est mon armée ?
Elle était là pourtant hier matin ! »

Deux mois plus tard, Frédéric de Prusse dispersait les Autrichiens à Leuthen en Silésie. Pendant les années qui suivirent, le roi prussien dut faire face, sur trois fronts différents, à trois groupes d'armées qui convergeaient vers Berlin. Les Français furent vaincus à Krefeld en juin 1758 et perdirent le Hanovre qui ne put être repris, malgré les efforts du maréchal de Broglie. Un an plus tard, en août 1759, ils étaient de nouveau défaits à Minden.

Mais bientôt la Prusse succomba sous les forces de la coalition qui se resserraient autour d'elle. Le 12 août 1759, les Austro-Russes lui infligeaient la défaite de Kunersdorf et entraient à Berlin en octobre 1760. Les Impériaux occupaient la Saxe et les Autrichiens la Silésie. La France elle-même remportait une victoire à Closterkamp le 15 octobre 1760, et cette bataille fut illustrée par un acte de courage rapporté par Voltaire : le jeune chevalier d'Assas tomba, au cours de la nuit qui précédait la bataille, sur une colonne ennemie qui l'entoura et le menaça de mort s'il avertissait les Français. Mais Assas n'hésita pas à sauver ses compatriotes en criant à son régiment : « À nous, Auvergne, ce sont nos ennemis ! », et tomba, percé de coups. Mais, malgré d'autres épisodes glorieux comme la prise de Cassel par le comte de Broglie ou la défense victorieuse de Gottingen, les armées françaises n'étaient point capables d'affronter durablement les troupes prussiennes, remarquablement entraînées, et manquaient de chefs de valeur comparables à Maurice de Saxe.

Malgré son habileté stratégique et la valeur de ses soldats, Frédéric II se trouvait dans une situation particulièrement critique lorsque le hasard vint à son secours. Le 5 janvier 1762, la tsarine Élisabeth mourait et son successeur, Pierre III, admirateur du roi de Prusse, signait avec lui une paix séparée le 5 mai 1762. Il lui rendait par ce traité toutes les conquêtes réalisées par les Russes depuis le début de la guerre. La Suède suivait immédiatement l'exemple de la Russie. En remportant le 21 juillet 1762 la victoire de Burkersdorf sur les Autrichiens, Frédéric II parvenait à

△ **Le château de Schönbrunn vu de la cour le 16 août 1759.** Un courrier arrive dans la cour d'honneur de Schönbrunn pour apporter la nouvelle de la victoire de Kunersdorf, remportée par les Austro-Russes sur Frédéric II. L'impératrice Marie-Thérèse est au balcon du château. Peinture de Bernardo Bellotto. Kunsthistorisches Museum, Vienne.
Archives I. R. L.

reconquérir presque toute la Silésie. Privée de l'aide de la Russie, l'Autriche était disposée à traiter avec la Prusse. Quant aux Français, les revers qu'ils avaient essuyés aux colonies les poussaient à la négociation et la désagrégation de la coalition antiprussienne prépara la conclusion de la paix.

Les défaites coloniales de la France. Alors que les débuts de la guerre de Sept Ans avaient été désastreux sur mer pour les Anglais, ces derniers ne tardèrent pas à reprendre l'avantage grâce au sursaut national suscité par le Premier ministre, William Pitt. L'essentiel des forces anglaises fut consacré à la défense des colonies en Amérique du Nord et en Inde, alors que le gouvernement français ne se préoccupait guère que des opérations menées en Europe. Le ministre français de la Marine ne déclarait-il pas : « Quand le feu est à la maison, on ne s'occupe pas des écuries ! » Il faut dire que le Canada, où se déroulèrent les plus graves affrontements, ne fournissait pas de produits coloniaux et rares étaient les Français qui s'intéressaient à ce pays lointain. Aussi se contenta-t-on d'envoyer en renfort un peu plus de 8 000 hommes, alors que Pitt, décidé à occuper la vallée de l'Ohio, fit partir plus de 30 000 Anglais vers l'Amérique.

Les Français du Canada, malgré leur infériorité numérique, s'apprêtèrent à résister héroïquement sous le commandement du général Montcalm. En 1758, celui-ci put repousser près du fort Carillon une armée de colons anglais, mais, la même année, Louisbourg, les forts Frontenac et Duquesne furent pris par les ennemis. En juin 1759, une flotte anglaise, transportant des troupes commandées par Wolfe, jetait l'ancre devant Québec qui fut à peu près détruit par des bombardements incessants. Après un combat acharné dans les plaines d'Abraham le 13 septembre, la ville était obligée de capituler le 18 septembre, les deux généraux Montcalm et Wolfe ayant été tués au cours de la bataille. En 1760, Montréal tombait à son tour au pouvoir des Anglais. Ceux-ci s'étaient aussi emparés de la Guadeloupe en 1759. C'était la fin de l'Empire colonial français en Amérique.

La situation en Inde n'était pas plus brillante. Après le départ de Dupleix, les Anglais s'étaient installés à Chandernagor. Pour défendre les Français des Indes, on envoya un corps expéditionnaire commandé par Lally-Tollendal qui remporta d'abord quelques succès. Mais Lally-Tollendal ne connaissait rien aux affaires de l'Inde et n'avait que mépris pour « ces misérables Noirs ». S'aliénant les alliés indigè-

△ **William Pitt, comte de Chatham (dit le Premier Pitt).** Opposé au pacifique Robert Walpole, il reçut en 1756 la charge de la guerre et concentra les efforts des troupes britanniques dans le conflit sur mer avec la France. Son énergie et son autorité naturelle lui permirent d'assurer la suprématie de l'Angleterre à la fois en Amérique et en Inde. Peinture de l'atelier de Richard Brompton. National Portrait Gallery, Londres.
Phot. Fleming.

△ **Le marquis de Montcalm.** Après de brillants faits d'armes pendant la guerre de la Succession d'Autriche, il commanda les troupes françaises installées au Canada à partir de 1756. Malgré des succès notables sur les Anglais, il ne fut pas appuyé par le gouvernement français qui ne lui expédia pas les forces nécessaires à sa lutte. Peinture anonyme. Archives publiques du Canada.
Phot. Archives publiques du Canada.

◁ **Débarquement anglais près de Québec.** À la différence des Français, Pitt consacra l'essentiel des forces anglaises à la guerre du Canada. Au mois de juin 1759, la flotte transportant les troupes commandées par Wolfe arriva devant Québec. Montcalm ne s'attendait pas à cette attaque par mer et eut peu de temps pour préparer sa défense. Après avoir occupé la rive droite du Saint-Laurent, Wolfe remonta le fleuve et débarqua en amont de la ville au pied du plateau d'Abraham. Gravure coloriée anglaise.
Archives I. R. L.

△ **La mort du général Wolfe devant Québec.** Les deux adversaires, Montcalm et Wolfe, trouvèrent la mort pendant la bataille dans les plaines d'Abraham. En France, on s'émut fort peu de la perte des territoires d'Amérique du Nord et Voltaire écrivait : « La France peut être heureuse sans Québec. » Peinture de Benjamin West. National Gallery of Canada, Ottawa.
Phot. du musée.

nes et mécontentant les officiers français, il se trouva très vite en difficulté. Il échoua d'abord dans le siège de Madras en 1758, puis se laissa enfermer dans Pondichéry avec une petite troupe de 700 hommes et résista héroïquement contre l'armée ennemie forte de plus de 20 000 soldats. Au bout d'un an, Pondichéry tombait entre les mains des Anglais. Injustement rendu responsable de la défaite française aux Indes, Lally-Tollendal fut accusé de trahison et fut condamné en 1766 à avoir la tête tranchée.

Le traité de Paris. Devant les échecs essuyés par les armées françaises, Louis XV pensa à renforcer ses alliances et, sous l'instigation de son ministre Choiseul, conclut avec les Bourbons d'Espagne et de Naples ce que l'on appela le « pacte de Famille » : par cette convention signée le 15 août 1761, les rois de France et d'Espagne se garantissaient mutuellement leur assistance. Le 1er mai 1762, l'Espagne déclarait la guerre à l'Angleterre.

Les Anglais continuaient à remporter des victoires et avaient conquis La Havane en 1762. Cependant Pitt, partisan de la guerre à outrance, avait été renversé le 5 octobre 1761 et son successeur, lord Bute, ainsi que le nouveau roi d'Angleterre, George III, se montraient moins intraitables.

D'ailleurs l'Europe entière était fatiguée de la guerre et, le 3 novembre 1762, des préliminaires de paix furent signés à Fontainebleau. Par le traité de Paris, le 10 février 1763, la France abandonnait à l'Angleterre le Canada, la partie de la Louisiane à l'est du Mississippi, la vallée de l'Ohio, la Dominique, Saint-Vincent, Tobago, la Grenade et le Sénégal à l'exception de Gorée. Elle cédait son empire des Indes et ne gardait que les cinq comptoirs de Chandernagor, Yanaon, Karikal, Mahé et Pondichéry. Pour dédommager l'Espagne, qui avait dû céder la Floride aux Anglais, Louis XV lui donnait l'autre partie de la Louisiane et La Nouvelle-Orléans. La France ne conservait en Amérique que la Martinique, la Guadeloupe, Saint-Domingue et les îlots de Saint-Pierre-et-Miquelon. Cinq jours après la conclusion du traité de Paris, Frédéric II et Marie-Thérèse signaient la paix de Huberts-

△ **Portrait de Louis XV en 1763.** Pour mettre fin au conflit qui durait depuis 1756, le roi prit l'initiative de se rapprocher de l'Espagne par le « pacte de Famille ». Peinture de Louis Michel Van Loo. Bibliothèque de Versailles.
Phot. Jérome de Cunha · Presses de la Cité.

Charles III, roi d'Espagne. ▷ Peinture d'Anton Raphaël Mengs. Palais du Sénat, Madrid.
Phot. Oronoz · Artephot.

bourg qui confirmait à la Prusse la possession de la Silésie. La guerre de Sept Ans avait fait de la Prusse la première des puissances militaires de l'Europe et de l'Angleterre la maîtresse d'un vaste empire colonial.

Le traité de Paris était particulièrement humiliant pour la France, qui se trouvait amputée de ses plus belles possessions d'outre-mer. Cependant l'opinion publique ne s'émut guère de la perte du Canada, car pourquoi, ainsi que le disait Voltaire, s'intéresser à ces « quelques arpents de neige » ? L'essentiel semblait avoir été de conserver la plupart des îles à sucre. Mais, si on considérait avec désinvolture la perte de l'empire colonial, on était plus sensible en France à l'humiliation des nombreuses défaites essuyées sur terre et sur mer et on se moquait en chansons de l'incapacité des officiers et de la faiblesse des ministres. Il est certain que la France avait perdu plus de deux cent mille hommes pour conserver à Frédéric de Prusse la Silésie et, comme le disait Bernis, dans la guerre de Sept Ans, « notre rôle avait été extravagant et honteux ».

L'affaire La Valette. Depuis 1758, faisait office de Premier ministre le duc de Choiseul, qui avait remplacé Bernis aux Affaires étrangères. Ce Lorrain, intelligent et actif, après une brillante carrière militaire, avait dû à la faveur de Mme de Pompadour d'être nommé ambassadeur à Rome et à Vienne avant de devenir ministre. Pendant douze ans, il partagea avec son cousin, le duc de Choiseul-Praslin, les secrétariats des Affaires étrangères, de la Guerre et de la Marine, et, jusqu'en 1770, il gouverna la France. Son long ministère fut marqué par une prospérité économique remarquable et de nombreuses tentatives d'amélioration des finances, mais provoqua l'affaiblissement de la monarchie, car

△ **Vue de la marche cérémoniale observée pour la publication de la paix devant l'Hôtel de Ville de Paris.** La guerre de Sept Ans était enfin terminée, mais dans des conditions désastreuses pour la France, et Louis XV fut le premier à reconnaître que cette paix n'était « ni bonne ni glorieuse ». Bibliothèque de l'Arsenal, Paris.
Archives I. R. L.

△△ **L'impératrice d'Autriche Marie-Thérèse et sa famille vers 1756.** La fin de la guerre de Sept Ans n'entraîna pas de grandes modifications territoriales pour la Prusse et l'Autriche, mais Frédéric II en tira le bénéfice de devenir le souverain le plus admiré d'Europe. Peinture de Martin de Meytens. Kunsthistorisches Museum, Vienne.
Phot. Hubert Josse.

1758-1763 LA GUERRE DE SEPT ANS, 89

Choiseul, ami des philosophes, des Encyclopédistes et des économistes, soutint les parlementaires dans leur opposition au roi.

L'occasion lui fut d'abord fournie par la haine que, depuis toujours, le parlement, gallican et janséniste, portait à l'ordre des Jésuites. Ces derniers avaient fort mauvaise presse, on les accusait d'être responsables des incidents provoqués par l'application de la bulle *Unigenitus* et on leur reprochait l'influence pernicieuse qu'ils avaient sur une partie de l'entourage du roi. Choiseul les sacrifia à la vindicte des parlementaires en prenant pour prétexte l'affaire La Valette.

Ce dernier était un jésuite qui avait fondé à la Martinique une maison de commerce. En 1755, plusieurs de ses vaisseaux furent capturés par les Anglais et son entreprise fut de plus ruinée par un cataclysme et une épidémie. La Valette fut déclaré en faillite et entraîna dans sa perte des négociants marseillais qui durent déposer leur bilan. Ils se portèrent partie civile et attaquèrent devant la juridiction consulaire, non les jésuites de la Martinique, mais ceux de France comme solidairement responsables. Condamnée par le parlement d'Aix, la Compagnie de Jésus fit appel au parlement de Paris. Mais ce fut une imprudence fatale, car ce dernier en profita pour examiner les « constitutions » de la Compagnie et les déclara « contraires aux lois du royaume ».

L'expulsion des jésuites. Louis XV aurait voulu ne pas rallumer les querelles religieuses, mais Choiseul trouva dans l'affaire l'occasion de se concilier le parlement.

◁ **Portrait du duc de Choiseul.** Brillant, amateur de jolies femmes et de bons mots, Choiseul mena les affaires de la France avec une énergie sans égale. Peinture de l'atelier de Louis Michel Van Loo. Musée des Beaux-Arts, Tours.
Phot. J.-J. Moreau.

◁ **César de Choiseul, duc de Praslin.** Ancien ambassadeur à Vienne, il partagea avec son cousin Choiseul les portefeuilles des Affaires étrangères, de la Marine et de la Guerre. Peinture d'Alexandre Roslin. Musée national du château de Versailles.
Phot. Hubert Josse.

△ **Vue du port de La Rochelle.** La Compagnie de Jésus avait de nombreux intérêts commerciaux dans les colonies et constituait une puissance financière qui suscitait bien des jalousies. Peinture de Joseph Vernet. Musée de la Marine, Paris. *Phot. Dagli Orti.*

◁ **Arrêt d'août 1762 contre les jésuites.** Les mesures prises contre la Compagnie de Jésus témoignèrent de la volonté de Choiseul de se concilier les parlementaires en leur livrant cet ordre détesté pour son ultramontanisme. Par un arrêt rendu le 6 août 1762, le parlement déclarait la doctrine des jésuites « perverse, destructrice de tout principe de religion et même de probité, injurieuse à la morale chrétienne, pernicieuse à la société civile ». B. N., Paris. *Phot. H. Roger-Viollet.*

Il tenta d'ailleurs d'obtenir du pape une réforme des statuts de la Compagnie de Jésus, mais sans succès. Le 6 août 1762, invoquant son droit de police ecclésiastique, le parlement de Paris prononça l'expulsion des jésuites de son ressort. La plupart des parlements de province suivirent cet exemple. Après deux ans de résistance, le roi céda et un édit de novembre 1764 abolissait en France la Compagnie de Jésus. Les autres princes bourbons, à leur tour, expulsèrent de leurs États les jésuites et, en accord avec Louis XV, contraignirent le pape à supprimer la Compagnie dans le monde entier en 1773.

Les parlementaires, les philosophes avaient eu raison de leur vieil ennemi. Mais la disparition des jésuites entraînait celle de leurs collèges, où ils assuraient l'enseignement. Les parlementaires se mirent alors à préparer les plans d'une réforme de

l'éducation. Trois magistrats, Rolland d'Erceville à Paris, La Chalotais à Rennes et Guyton de Morveau à Dijon, établirent le plan d'un enseignement moderne mettant l'accent sur les langues vivantes, l'histoire, la géographie, les sciences. Pour ces matières, il fallait des maîtres nouveaux et les réformateurs envisagèrent de faire du collège Louis-le-Grand une école destinée à former des professeurs. En fait, ces projets ne virent pas le jour et les parlements durent confier, dans les collèges qu'ils contrôlaient, l'enseignement à des prêtres séculiers. Dans plusieurs villes de France, des enseignements nouveaux (mathématiques, physique) furent organisés.

L'affaire Calas. Si les parlementaires avaient lutté contre le « fanatisme » des jésuites, ils n'en faisaient pas moins preuve d'intolérance à l'égard des protestants qui furent les victimes de plusieurs affaires célèbres. Après avoir connu un moment de répit pendant le ministère de Fleury, les « religionnaires » avaient de nouveau connu la persécution à partir de 1732 : condamnation aux galères pour les hommes et à la réclusion pour les femmes surpris dans les assemblées tenues « au désert », enlèvement de leurs filles pour les faire élever dans des couvents, refus de considérer comme légitimes les enfants nés dans des familles hérétiques. Cependant, le peuple protestant continuait de résister malgré les poursuites et les condamnations. Plusieurs pasteurs furent exécutés : c'est ainsi que le pasteur Rochette fut condamné par le parlement de Toulouse à être pendu et ses trois amis, des gentilshommes verriers, les frères Grenier, furent décapités en février 1762.

Cependant, nombreux étaient les catholiques qui témoignaient du dégoût pour ces persécutions et les soldats, chargés de la répression, s'abstenaient souvent d'exécuter les ordres. Les plus violents adversaires de ces procès d'hérésie furent les philosophes, qui prônaient un idéal de liberté religieuse, et parmi eux, Voltaire, qui

◁ **L'expulsion des jésuites d'Espagne en 1767.** À la suite de l'édit de 1764 supprimant la Compagnie de Jésus en France, les pays d'Europe et d'Amérique gouvernés par des Bourbons prirent des mesures semblables contre l'ordre. Des bateaux entiers chargés de jésuites quittèrent l'Espagne, le Portugal ou l'Italie. La plupart des prêtres trouvèrent refuge en Prusse ou en Russie. B. N., Paris.
Phot. Larousse.

△ **Protestants assistant à une cérémonie « au désert » dans les carrières de Lecques, près de Nîmes.** Malgré le progrès de la notion de tolérance, la minorité protestante devait encore vivre sa foi dans la clandestinité et les cultes « au désert » réunissaient des fidèles de toute condition sociale, comme en témoignent leurs costumes sur cette gravure. Bibliothèque de l'histoire du protestantisme, Paris.
Phot. Larousse.

combattit en première ligne pour défendre les victimes de l'intolérance. L'affaire Calas lui permit de mettre en pleine lumière les excès du fanatisme parlementaire. Le 13 octobre 1761, le calviniste Jean Calas, marchand d'indiennes à Toulouse, trouva son fils aîné, Marc-Antoine, pendu dans son magasin. Bientôt la rumeur publique accusa le père du jeune homme de l'avoir assassiné pour l'empêcher de se convertir au catholicisme. Marc-Antoine fut proclamé martyr et fut enterré suivant le rite catholique au milieu d'une foule considérable. Le procès de sa famille s'ouvrit dans une atmosphère de grande passion religieuse qui influença le parlement de Toulouse. Alors qu'il protestait de son innocence, Jean Calas fut rompu vif sur la roue. Sa femme fut acquittée, un autre fils, Pierre, fut condamné au bannissement et ses deux filles enfermées dans des couvents.

Voltaire, comme la plupart des Français, était persuadé de la culpabilité de Calas, mais, ayant interrogé le plus jeune fils Calas réfugié à Genève, il acquit peu à peu la certitude que le supplicié n'avait pu commettre le crime dont on l'avait accusé. Le philosophe déploya alors une activité extraordinaire pour obtenir la cassation de l'arrêt de Toulouse. Il s'adressa à toutes les personnalités du temps, Mme de Pompadour, le chancelier Lamoignon, Choiseul, au roi lui-même, et donna à l'affaire un retentissement mondial. Il fit venir à Paris la veuve de Calas et lui fournit des avocats. Il multiplia les libelles et fit paraître en 1763 son *Traité sur la tolérance,* dans lequel il dénonçait le fanatisme. Cette bataille acharnée devait porter ses fruits : le 4 juin 1764, le Conseil cassait la sentence du parlement de Toulouse ; le 9 mars 1765,

◁ **Jean Calas découvre son fils mort.** Ce qui n'était à l'origine qu'un lamentable fait divers devint, par l'intermédiaire de Voltaire, une affaire exemplaire qui passionna l'Europe entière. L'affaire Calas fut l'illustration vivante de la lutte des philosophes du siècle des Lumières contre le fanatisme religieux, l'intransigeance aveugle des magistrats et la barbarie du système pénal. Gravure de Ghendt.
Phot. Larousse.

un arrêt définitif réhabilitait la mémoire de Jean Calas et déchargeait sa famille de toute accusation. Les Calas recevaient du roi une somme de 36 000 livres et purent rencontrer la reine et les ministres.

Les affaires Sirven et La Barre. Voltaire, que l'on appelait maintenant « l'homme des Calas », se dévoua à plusieurs autres causes dont les accusés étaient aussi les victimes du fanatisme religieux. Alors que l'affaire Calas atteignait son paroxysme, un autre protestant, Pierre Sirven, commissaire à terrier à Castres, fut accusé en 1764 d'avoir tué sa fille Élisabeth, qui, en réalité, s'était suicidée en se jetant dans un puits. Condamné à mort ainsi que sa femme par le tribunal de Mazamet, Sirven parvint à se réfugier en Suisse et fit appel à Voltaire. Au bout de neuf ans de luttes, le philosophe parvint à obtenir l'acquittement des Sirven.

Calas et Sirven avaient contre eux le fait d'être protestants ; le chevalier de La Barre était catholique, mais il fut aussi la victime de l'intolérance des magistrats. En 1765, à

◁ **Voltaire.** D'abord fort désinvolte à l'égard de Calas qu'il qualifia de « fanatique », Voltaire acquit petit à petit l'intime conviction que le commerçant toulousain était une victime. « J'ose être sûr de l'innocence de cette famille, comme de mon existence », écrivait-il en février 1763 avant de se lancer dans une grande campagne de réhabilitation dans laquelle son talent d'écrivain et de procédurier fit merveille. Le plus beau titre de gloire du grand philosophe fut d'avoir mis en action de façon éclatante les idées qu'il avait jusque-là défendues dans ses livres. Portrait anonyme. Musée Carnavalet, Paris.
Phot. Hubert Josse.

◁ **Les adieux de Calas à sa famille.** Le procès de la famille Calas se déroula dans une atmosphère d'hystérie collective volontairement entretenue par les magistrats de Toulouse. Sur les treize juges du parlement de la ville, un seul vota l'acquittement de Calas. Le malheureux fut condamné à subir la question ordinaire et extraordinaire, puis dut faire publiquement amende honorable devant la cathédrale avant de mourir sur la roue en une lente et terrible agonie. Il y eut beaucoup de gens pour regretter que la même peine ne fût pas appliquée au reste de la famille. Gravure de Daniel Chodowiecki. Musée Paul-Dupuy, Toulouse.
Phot. Yan.

△ **Élie de Beaumont.** Cet avocat, en compagnie de son confrère Mariette, se chargea de défendre la cause de Mme Calas et fut un collaborateur efficace de la campagne menée par Voltaire. Il devait aussi participer à la réhabilitation de Sirven. Les affaires Calas, Sirven et La Barre furent à l'origine d'autres interventions courageuses de Voltaire en faveur des victimes de l'intolérance et de l'injustice. Peinture anonyme. Coll. part.
Phot. Schnapp - Agence Top.

DRAGONS
DE MONSEIGNEUR LE DUC
DE PENTHIEVRE,
En Garnison à Quimper, en Bretagne.

DE PAR LE ROI.

COURAGEUSE Jeunesse, qui brûlez du desir de servir votre Roi, accourez dans PENTHIEVRE, dont la gloire est aussi ancienne que l'origine; c'est dans ce beau Corps que vous apprendrez à vaincre; adressez-vous avec confiance à M. DU HOULLEY, Officier audit Régiment de Penthievre; il les prend de la taille de cinq pieds deux pouces, & d'esperance. Ceux qui lui procureront de beaux Hommes, seront bien récompensés.

Le Sieur DU HOULLEY, Officier, est logé rue du Bouteillier, à LISIEUX.

△ **Une affiche de recrutement au XVIIIe s.** L'armée française était une armée de métier. Le rôle des sergents recruteurs chargés de « racoler » dans les campagnes les jeunes gens de belle taille était essentiel pour compléter les effectifs des régiments. Conscient de la nécessité d'une réforme de l'armée, Choiseul entreprit d'introduire des règles plus strictes dans le commandement et le recrutement des régiments. Musée de l'Armée, Paris.
Archives I. R. L.

Abbeville, des inconnus mutilèrent un crucifix et les soupçons se portèrent sur un jeune homme de 19 ans, le chevalier de La Barre. Son seul crime avait été en fait de lire quelques ouvrages tendancieux et d'avoir chanté des chansons impies. Il fut condamné à mort par le tribunal d'Abbeville et, trop content de trouver une occasion de frapper les philosophes, le parlement de Paris confirma ce jugement. La Barre, après avoir eu le poignet droit tranché, fut décapité le 1er juillet 1766 et son cadavre fut livré aux flammes en même temps qu'un exemplaire du *Dictionnaire philosophique* de Voltaire. Impliqué directement dans cette affaire, le philosophe ne cessa de réclamer, mais en vain, la réhabilitation du malheureux jeune homme.

La renommée des procès Calas, Sirven et La Barre avait dépassé les frontières de la France et toute l'Europe s'était intéressée au combat mené par Voltaire pour faire triompher la justice et la tolérance. Rien ne pouvait mieux servir les nouvelles idées des philosophes que ce triomphe de la liberté et de l'humanité sur le fanatisme archaïque des parlementaires. D'ailleurs, la tolérance faisait peu à peu son chemin : c'est ainsi qu'en 1768 le gouverneur du Languedoc libéra les captives huguenotes de la tour de Constance à Aigues-Mortes. Parmi elles, une femme du Vivarais, Marie Durand, avait passé trente-huit ans enfermée dans la sinistre prison pour avoir refusé de renier sa foi.

Les réformes militaires de Choiseul. Les défaites infligées à la France lors de la guerre de Sept Ans avaient montré la faiblesse de son armée et un des premiers soucis de Choiseul fut de réformer cette dernière. Par plusieurs décrets, à partir de 1762, il modifia le recrutement et la hiérarchie en tentant d'uniformiser la composition et l'armement des régiments. Il lutta aussi contre la vénalité des charges et imposa aux officiers une stricte obéissance. Pour compléter l'École militaire, il transforma le collège de La Flèche, occupé par les jésuites jusqu'en 1762, en une école préparatoire ouverte aux fils des nobles à partir de l'âge de huit ans. Son principal souci fut d'améliorer l'artillerie et il bénéficia de la collaboration remarquable de Gribeauval, qui renouvela complètement le matériel. Cet inspecteur général de l'artillerie mit au point de nouveaux canons, améliora le système d'attelage des fûts et fit réaliser des caissons à munitions. Grâce au « système Gribeauval », l'artillerie française devint à la fin du XVIIIe siècle la meilleure de l'Europe et put assurer les victoires des armées de la Révolution et de

Le camp du Havre en 1756. Toute l'Europe était en admiration devant la discipline et l'efficacité des troupes prussiennes. Cependant, la France, grâce aux réformes dues à Gribeauval, devait être dotée à partir de 1765 d'une artillerie remarquable : les pièces furent raccourcies, dotées d'essieux de fer et de roues plus hautes, ce qui les rendit plus maniables. Le « système Gribeauval » devait être encore en usage pendant la Restauration. Peinture de Pierre Lenfant. Musée de l'Armée, Paris.
▽ *Archives I. R. L.*

△ **Vue du parc d'artillerie du port neuf de Toulon en 1755 (détail).** Choiseul fut surtout attentif à redonner une nouvelle impulsion à la marine française en vue d'éventuels conflits avec l'Angleterre. Grâce à l'obtention de crédits supplémentaires, il put faire mettre en chantier la construction de nouveaux vaisseaux. Peinture de Joseph Vernet. Musée de la Marine, Paris.
Phot. G. Dagli Orti.

l'Empire sur tous les champs de bataille.

Un effort particulier fut fait pour améliorer la marine, dont la faiblesse avait été responsable de la plupart des défaites infligées par l'Angleterre pendant la guerre de Sept Ans. Un vaste programme de constructions navales fut mis en œuvre : en 1763, le roi ne possédait plus que 44 vaisseaux et 10 frégates. En 1770, Choiseul était parvenu à faire armer 64 vaisseaux et 50 frégates. Les arsenaux de Brest, Rochefort, Cherbourg et Toulon furent complétés par ceux de Marseille et de Lorient. En 1765, une ordonnance fixa les différentes attributions des officiers et agents de la marine.

Les tentatives de réformes économiques. Au milieu du XVIIIe siècle, le mercantilisme hérité de Colbert était violemment critiqué et de nouveaux théoriciens de l'économie, s'appuyant comme les philosophes sur la primauté de la liberté, mettaient l'accent sur les inconvénients des entraves apportées par les législations et les monopoles du siècle précédent. L'intendant du Commerce, Vincent de Gournay, se fit le partisan de la liberté de l'industrie et du commerce et sa doctrine du « libéralisme économique » fut résumée dans une formule célèbre : « Laissez faire, laissez passer. » L'école physiocratique fondée par le médecin du roi, Quesnay, estimait que « la terre était l'unique source des richesses et que c'était l'agriculture qui les multipliait ». Comme l'« ordre naturel », régi par des lois universelles et immuables, devait être respecté, la tâche de l'État était de le respecter, en maintenant la propriété et la liberté. Les physiocrates préconisaient ainsi la liberté du

△ **Le marquis de Mirabeau (père du célèbre député du tiers état).** Il devint à partir de 1757 un disciple enthousiaste de Quesnay et de l'école physiocratique. Partisan d'un impôt unique sur le produit net du sol, il publia en 1760 une *Théorie de l'impôt* dirigée contre les fermiers généraux, ce qui lui valut d'être emprisonné à Vincennes, puis exilé pendant trois mois. Peinture de Joseph Aved. Musée du Louvre, Paris.
Phot. Lauros-Giraudon.

Le paysan payant la dîme ▷ **à son seigneur.** Les économistes étaient opposés aux contraintes qui pesaient sur les paysans et qui les privaient du juste fruit de leur travail. Souvent utopistes, leurs doctrines s'appuyaient sur la conception de l'ordre naturel et providentiel qui régissait la société. Gravure de 1761 d'après Eisen. Bibliothèque des Arts décoratifs, Paris.
Phot. Jean-Loup Charmet.

commerce, la libre concurrence et la priorité accordée à l'agriculture.

Ces théories libérales en matière économique et financière influencèrent les contrôleurs généraux qui, pendant le long ministère de Choiseul, tentèrent de remédier à des finances rendues encore plus catastrophiques par la guerre de Sept Ans. Devenu contrôleur général en 1759 grâce à la faveur de Mme de Pompadour, Étienne de Silhouette supprima de nombreuses pensions et émit un emprunt de 72 millions. Mais, lorsqu'il proposa un édit de subvention générale d'inspiration physiocratique, qui faisait porter un impôt sur les terres des nobles, il suscita de violentes protestations chez les privilégiés et dut démissionner. Son nom passa dans le langage courant pour désigner une ombre inconsistante. Son successeur, Bertin, après avoir augmenté la capitation et créé un troisième vingtième, projeta, en accord avec les théories physiocratiques, de confectionner un cadastre qui aurait permis une assiette de l'impôt plus juste. Mais il se heurta à l'opposition des parlementaires et résigna sa charge en 1763. Il avait eu cependant le temps de promouvoir les nouvelles conceptions sur l'agriculture en autorisant la libre circulation des blés, en favorisant l'établissement des sociétés d'agriculture et en fondant les écoles vétérinaires de Lyon et d'Alfort. Mais les efforts pour juguler les problèmes financiers étaient impuissants devant la crise constitutionnelle provoquée par l'opposition parlementaire et qui allait bientôt connaître son point culminant avec l'affaire de Bretagne.

△ **La ferme.** Fils de cultivateurs aisés, le docteur Quesnay, médecin du roi, trouva peut-être dans ses origines la conviction que l'agriculture était seule productive, alors qu'il considérait les commerçants et les industriels comme des « classes stériles ». Les doctrines physiocratiques entraînèrent un grand engouement pour l'agriculture à la fin du XVIIIe s. Peinture de Jean-Baptiste Oudry. Musée du Louvre, Paris.
Phot. Lauros-Giraudon.

△ **Soldat du régiment du roy.** C'est une vision sans doute idyllique de la vie militaire sous Louis XV : des soldats, dans leur campement, jouent aux quilles, la vivandière distribue une soupe fumante et la « corvée de bois » devient un divertissement. Peinture anonyme. Musée de l'Armée, Paris.
Archives I. R. L.

1764-1774 Le déclin de l'Ancien Régime

LE 15 AVRIL 1764, Mme DE POMPADOUR MOURAIT À VERSAILLES d'une fluxion de poitrine. Cela faisait longtemps que la marquise n'était plus la maîtresse déclarée du roi, mais elle continuait de jouer près de lui le rôle d'égérie et de conseillère omnipotente. Jusqu'à sa mort, elle veilla aux plaisirs de Louis XV, fermant les yeux sur les visites que le souverain faisait dans la petite maison du Parc-aux-Cerfs, où venaient discrètement de jolies filles de condition modeste. Elle fut davantage menacée par certaines maîtresses du roi dont la faveur fut plus durable, comme la Dauphinoise Anne de Romans, dont l'enfant fut un des seuls que Louis XV consentit à reconnaître. Mme de Pompadour avait en fait plus à redouter des pamphlétaires, qui ne cessaient de lui reprocher ses prodigalités et ses interventions dans la politique intérieure et extérieure. On lui pardonnait mal, en particulier, le renversement des alliances avec l'Autriche, bien qu'en la matière son rôle fût loin d'avoir été décisif. Sa disparition fut une perte cruelle pour le roi, malgré le masque d'impassibilité qu'il s'obligea à garder, et il laissa échapper cette seule parole de regret en voyant s'éloigner de Versailles le cortège funèbre : « Voilà les seuls devoirs que j'ai pu lui rendre. Une amie de vingt ans ! » D'ailleurs, les deuils se multipliaient dans l'entourage de Louis XV : après la perte de deux de ses filles, Anne-Henriette en 1752 et Louise-Élisabeth, infante d'Espagne, en 1759, ce fut le Dauphin qui fut emporté par la tuberculose en 1765, puis, deux ans plus tard, la Dauphine. En 1768, la reine Marie Leszczyńska mourait à son tour. Le roi n'avait plus auprès de lui que ses quatre filles survivantes et cinq petits-enfants à l'éducation desquels il consacrait beaucoup de temps.

Le long ministère de Choiseul continuait. Après Silhouette, après Bertin, ce fut à un conseiller janséniste du parlement que le ministre fit appel pour contrôler les finances : comme ses prédécesseurs, L'Averdy s'attacha à réduire les dépenses de l'État et à trouver de nouvelles rentrées d'argent pour parvenir à stabiliser le budget. Augmentant les aides, il créa aussi une Caisse d'arrérages et une Caisse d'amortissements destinées à réduire la dette publique. En août 1765, pour constituer des stocks de grains capables de ravitailler Paris pendant dix ans, il signa avec la société Malisset un contrat, ou « soumission L'Averdy ». Mais les pamphlétaires dénoncèrent ce qu'ils appelèrent un « pacte de famine », accusant L'Averdy et les financiers de s'être mis d'accord pour s'assurer le monopole des grains et faire ainsi monter les prix en période de pénurie. Cette légende, favorisée par les mauvaises récoltes, créa une véritable psychose en France. L'Averdy n'eut guère plus de chance avec son projet de révision des cotes fiscales, qui rencontra de nombreuses résistances chez les parlementaires, toujours prompts à dénoncer de façon virulente le « despotisme ministériel ».

◁ **La halle à Paris.** Malgré la prospérité du commerce français dont ce marché parisien donne une idée, on craignait toujours la réapparition des famines. Le contrôleur L'Averdy voulut prévenir ce danger en constituant des stocks de grains, une mesure qui fut déformée par la cabale et contribua à discréditer le ministre. Peinture de Nicolas-Bernard Lépicié. Coll. part.
Phot. Lauros-Giraudon.

LES PARLEMENTAIRES AVAIENT REMPORTÉ UNE VICTOIRE en faisant condamner les jésuites. Enhardis par ce succès, ils tinrent tête au pouvoir royal par la longue querelle provoquée par les affaires de Bretagne. Ils estimaient, en effet, que le roi devait respecter les lois fondamentales et s'élevaient contre l'absolutisme en prétendant contrôler le pouvoir royal.

La séance de la Flagellation. Depuis 1753, le duc d'Aiguillon, neveu du maréchal de Richelieu, était gouverneur de Bretagne. Ses débuts dans la province furent heureux et, pendant la guerre de Sept Ans, en 1758, il sauva la Bretagne d'une invasion anglaise à Saint-Cast. Il entreprit la modernisation du système routier et des grandes villes bretonnes, et tenta de se concilier la noblesse locale.

La fin d'un règne

Mais, ami des jésuites et protégé par la reine et le Dauphin, il ne pouvait qu'être suspect aux parlementaires de Rennes. Le procureur La Chalotais, qui s'était déjà fait connaître par ses réquisitoires contre les jésuites et par ses projets d'une éducation nationale et laïque, prit la tête d'une coalition de magistrats décidés à défendre les privilèges locaux. Les édits fiscaux de Bertin servirent de prétexte : les parlementaires et les états de Bretagne s'unirent pour refuser au duc d'Aiguillon l'établissement d'une taxe de deux sous par livre des droits de ferme. Le parlement de Rennes fut mandé à Versailles en janvier 1765 et fut admonesté par le roi. De retour à Rennes, La Chalotais entraîna les parlementaires à démissionner massivement. Accusé d'avoir écrit des lettres anonymes injurieuses contre le roi, La Chalotais fut arrêté ainsi que son fils et trois conseillers, et emprisonné à Saint-Malo. Il devint très vite un héros pour les Bretons, qui prirent fait et cause pour lui, et la commission spéciale devant laquelle il comparut fut qualifiée de « baillage d'Aiguillon ».

Cependant, les autres parlements se solidarisaient avec celui de Rennes. Les magistrats de Paris reprochèrent au roi d'avoir constitué arbitrairement la commission de Saint-Malo. Pour les intimider, Louis XV se rendit, le 3 mars 1766, au parlement de Paris et fustigea si rudement

△ **Le duc d'Aiguillon repousse l'invasion anglaise à Saint-Cast.** Malgré ses mérites et ses heureuses initiatives, d'Aiguillon devait se heurter aux parlementaires bretons. B.N., Paris. *Phot. Tallandier.*

Jacques de Flesselles. Intendant de Bretagne en 1765, il représenta avec beaucoup de rigueur le pouvoir royal pendant l'affaire La Chalotais. Peinture de Donat Nonnotte. Musée Carnavalet, Paris. *Phot. Lauros-Giraudon.* ▷

1764-1774 LE DÉCLIN DE L'ANCIEN RÉGIME.

les parlementaires que la séance reçut le nom de « Flagellation » : « En ma personne seule, leur déclara-t-il, réside la puissance souveraine ; de moi seul, mes cours tiennent leur existence et leur autorité ; à moi seul appartient le pouvoir législatif, sans dépendance et sans partage... Les droits et les intérêts de la nation, dont on ose faire un corps séparé du monarque, sont nécessairement réunis dans mes mains et ne reposent qu'en mes mains. »

Mais ce sursaut d'autorité du souverain fut sans lendemain. Choiseul conseillait la diplomatie et Louis XV consentit à rappeler de Bretagne le duc d'Aiguillon. La Chalotais et ses amis furent exilés à Saintes sans jugement. En 1768, les états de Bretagne demandèrent le rappel du parlement de Rennes, ce qui fut fait en 1769. Mais, à peine réinstallés dans leurs fonctions, les magistrats exigèrent le procès du duc d'Aiguillon, accusé d'abus de pouvoir et de divers crimes. Il fut décidé par le conseil qu'en tant que pair il serait jugé à Paris. Le 27 juin 1770, le roi signa des lettres patentes où les procédures étaient déclarées nulles. Le 2 juillet, en dépit de l'interdiction du roi, les parlementaires suspendirent le duc de sa pairie. La guerre entre les magistrats et l'autorité royale était entrée dans une phase aiguë et seul un « coup d'État » allait permettre au roi de trouver une parade à l'opposition des « robes rouges ».

La Lorraine et la Corse deviennent françaises. Pour augmenter sa popularité et faire oublier la perte fâcheuse du Canada, Choiseul tira avantage de

△ L'assemblée des états de Bretagne dans la salle du château de Nantes, en 1768. La crise qui s'éleva entre la Couronne et les parlementaires culmina de 1765 à 1770 avec l'affaire de Bretagne. On retrouvait dans les revendications des parlements les principes énoncés par les philosophes, en particulier par Montesquieu, qui avait affirmé que le roi devait se soumettre « aux lois fondamentales ». Dessin d'Antoine Hénon. B. N., Paris.
B. N./Presses de la Cité.

l'augmentation du territoire français par le rattachement de la Lorraine et l'acquisition de la Corse. En fait, le ministre n'était pour rien dans la première affaire, puisque la réunion de la Lorraine au royaume était la conséquence du traité de 1738. À la mort du roi Stanislas, en février 1766, comme il avait été prévu, cette région, qui avait été si longtemps disputée entre l'Allemagne et la France, devenait province française et ses institutions furent harmonisées avec celles des autres régions du royaume. Cette intégration de la Lorraine à la France avait d'ailleurs été préparée de longue date par l'intendant Chaumont de La Galaizière,

△ **Le chancelier La Galaizière reçoit l'hommage du premier président de la cour de Lorraine, à Nancy.** Libéral et ami des arts, le roi Stanislas avait laissé l'administration de la Lorraine à l'intendant La Galaizière, qui prépara l'annexion de celle-ci à la France, ce qui se produisit sans heurts en 1766, à la mort de Stanislas. Peinture de François-André Vincent. Musée historique lorrain, Nancy.
Phot. Gilbert Mangin.

qui avait administré le duché aux côtés de Stanislas.

La Corse présentait un avantage stratégique certain par sa position clé en Méditerranée. Depuis le XIVe siècle, elle se trouvait sous la dépendance de Gênes, mais menait des luttes perpétuelles contre la ville italienne. À partir de 1729, la révolte occupa la plus grande partie de l'île et, de 1736 à 1738, un baron westphalien, Neuhoff, exerça sur la Corse une royauté éphémère sous le nom de Théodore Ier. À la demande de Gênes, une petite armée française le chassa de l'île et les Français obtinrent le droit de tenir garnison dans plusieurs villes corses.

Les partisans de l'indépendance de l'île s'étaient donné un chef en la personne de Pascal Paoli, qui organisa un gouvernement régulier à l'intérieur des terres. Choiseul, fort attaqué sur sa politique étrangère après la signature du traité de Paris, chercha une compensation en Corse. Il fit valoir à Louis XV que l'île présenterait tous les avantages du Canada sans en avoir les inconvénients. Bien que redoutant les difficultés que cette annexion pourrait provoquer avec l'Angleterre, Louis XV se résolut à accepter le plan de Choiseul et, le 15 mai 1768, par le traité de Versailles, Gênes vendit au souverain français ses droits sur la Corse.

Choiseul avait pensé un peu trop vite que la pacification de l'île ne serait qu'une formalité. Lorsque, en août 1768, le gouverneur Chauvelin débarqua en Corse, il dut affronter la guérilla organisée par Paoli et fut défait dans plusieurs affrontements. Paoli négocia avec les Anglais et, en France, les opposants au pouvoir royal commencèrent à faire courir le bruit que la conquête de la Corse coûterait plus cher que la guerre au Canada. Louis XV confia alors au comte de Vaux une armée de vingt-cinq mille hommes qui mit deux mois à réprimer la révolte. La défaite des Corses à Ponte-Novo en mai 1769 ruina les projets des indépendantistes et Paoli dut se réfugier en Angleterre.

La dernière favorite. Choiseul avait dans l'entourage du roi une ennemie déclarée en la personne de la dernière favorite en titre, Mme du Barry. Celle-ci, née à Vaucouleurs en 1743, était la fille naturelle

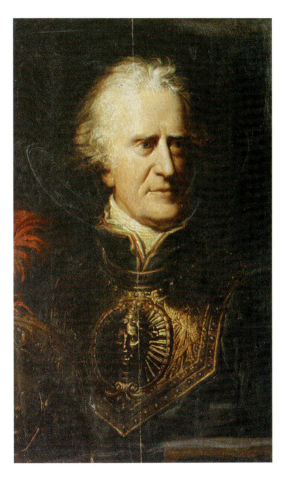

◁ **Carte de la Corse datant du règne de Théodore Ier.** Convoitée depuis toujours par tous les pays de la Méditerranée, la Corse offrait des avantages commerciaux et stratégiques certains pour la France, et Choiseul comprit fort bien l'intérêt de rattacher l'île au royaume. Il proposa d'abord aux Génois de les aider à expulser le roi fantoche Théodore, puis, malgré les réticences de Louis XV, il acquit la Corse en 1768.
Archives I. R. L.

△ **Le général Pascal Paoli.** Depuis 1755, ce patriote corse se trouvait à la tête de ses compatriotes révoltés contre Gênes et avait organisé un véritable gouvernement doté d'une Constitution. Lorsque, en 1768, la Corse devint française, Paoli décréta la levée en masse des Corses et il fallut un an aux troupes françaises pour vaincre la résistance des insulaires. Peinture de Richard Cosway. Galerie Pitti, Florence.
Phot. Scala.

△ **Mme du Barry à sa coiffeuse buvant une tasse de café.** Les décès successifs survenus dans sa famille et son entourage avaient laissé Louis XV dans une grande solitude. Ses dernières années furent cependant égayées par la présence à ses côtés de Mme du Barry, dont la faveur officielle commença en 1769. Peinture de François Drouais. Fondation Gulbenkian, Lisbonne.
Phot. G. Dagli Orti.

Le Cerf pris dans l'eau devant le château de L'Isle-Adam ▷ **(détail).** Comme Mme de Pompadour, la nouvelle favorite de Louis XV avait le goût de la fête. Avec elle, la Cour retrouva les divertissements coûteux des dîners d'apparat, des bals masqués ou des grandes chasses, qui réunissaient des centaines d'invités. Peinture de Michel-Barthélemy Ollivier. Musée national du château de Versailles.
Archives I. R. L.

d'une couturière et d'un moine du couvent de Picpus. Très jeune, sous le sobriquet de l'« Ange », la jolie Jeanne Bécu avait mené une vie fort légère à Paris avant de devenir la protégée d'un noble roué, le comte Jean du Barry. Celui-ci la lança dans le monde et elle attira l'attention du maréchal de Richelieu, qui pensa tout de suite au parti qu'il pouvait tirer de la beauté éblouissante de la jeune femme. Le roi Louis XV souffrait de solitude et, depuis la mort de la reine Marie Leszczyńska, avait moins de scrupules à installer à Versailles une maîtresse déclarée. Richelieu s'arrangea donc pour lui faire rencontrer Jeanne Bécu et, très vite, Louis XV fut séduit par sa fraîcheur et sa gaieté. Pour lui permettre d'être présentée à la Cour, le comte du Barry la maria à son frère Guillaume, et c'est sous le nom de Mme du Barry que la nouvelle favorite prit ses quartiers à Versailles.

« Mme du Barry, écrivait un courtisan, était une des plus jolies femmes de la Cour, où il y en avait tant, et certainement la plus séduisante par les perfections de toute sa personne. Ses cheveux, qu'elle portait souvent sans poudre, étaient du plus beau blond et elle en avait à profusion, à ne plus savoir qu'en faire. Ses yeux bleus, bien ouverts, avaient un regard caressant et franc. Elle avait le nez mignon, une bouche toute petite et une peau d'une blancheur éclatante. »

Sans prétention, d'un naturel heureux, Mme du Barry n'avait certes pas la distinction et la culture de Mme de Pompadour, mais elle sut redonner de la joie à la Cour, devenue morose après les nombreux deuils qui l'avaient frappée. La nouvelle favorite mena tout de suite grand train. Elle aimait le luxe et, dans ses appartements, défilaient ébénistes, ciseleurs, joailliers, couturières et coiffeurs. Elle lançait des modes dans l'Europe entière et reçut du roi le château de Louveciennes, près duquel elle fit élever par Ledoux un pavillon décoré fastueusement par les meilleurs artistes du temps. Mme du Barry était adulée par les courtisans, et il se constitua autour d'elle un parti comprenant les ducs de Richelieu, de Noailles, d'Aiguillon, le prince de Soubise et plusieurs grandes dames, dont la maréchale de Mirepoix, la princesse de Montmorency et la duchesse d'Aiguillon. Elle faillit même devenir reine de France, car Louis XV songea un moment à l'épouser, mais il aurait fallu obtenir l'annulation de son mariage avec Guillaume du Barry, et l'affaire n'eut pas de suite. Mme du Barry avait aussi de nombreux ennemis et les pamphlétaires la présentèrent volontiers comme une fille publique vulgaire et cupide. Bien que s'intéressant fort peu à la politique, elle s'attacha à détruire l'influence de Choiseul, qui s'était tout de suite déclaré son ennemi.

△ **Le thé à l'anglaise dans le salon des Quatre Glaces au Temple, avec toute la cour du prince de Conti.** Mme du Barry, que ses détracteurs présentaient comme une fille sans éducation, sut pourtant faire appel aux meilleurs artistes du temps pour décorer et meubler ses résidences. Ayant reçu du roi le domaine de Louveciennes, elle y fit bâtir, sur les plans de l'architecte Ledoux, un ravissant pavillon, dans lequel elle multipliait les réceptions. Elle sut aussi protéger les écrivains, et le vieux Voltaire lui-même célébra la beauté de la favorite en vers flatteurs. Peinture de Michel-Barthélemy Ollivier (détail). Musée national du château de Versailles.
Phot. Lauros-Giraudon.

Page suivante :
Fête donnée en 1766 à L'Isle-Adam par le prince de Conti en l'honneur du prince héréditaire de Brunswick-Lunebourg. Des fêtes splendides ont marqué les dernières années du règne de Louis XV. Les mariages de ses trois petits-fils, le Dauphin et les comtes de ▷ Provence et d'Artois, furent prétexte à des divertissements féeriques, ultimes manifestations des fastes de l'Ancien Régime. Peinture de Michel-Barthélemy Ollivier. Musée national du château de Versailles.
Phot. Hubert Josse.

Le mariage du Dauphin. Le ministre avait pensé causer la ruine de Mme du Barry en mariant le roi à une archiduchesse autrichienne, mais l'union ne put être conclue. Aussi pensa-t-il à négocier le mariage du Dauphin, petit-fils de Louis XV, avec la plus jeune des filles de Marie-Thérèse, l'archiduchesse Marie-Antoinette. Ses négociations, qui devaient consolider l'alliance avec l'Autriche, aboutirent en 1770 et, en mai, le jeune dauphin Louis-Auguste, âgé de seize ans, accueillait sa fiancée qui en avait tout juste quinze. Les festivités du mariage furent exceptionnelles : danses, représentations théâtrales, feux d'artifice se succédèrent pendant plusieurs jours. Mais les réjouissances furent endeuillées par un terrible accident : un début d'incendie qui se déclara place Louis-XV, alors qu'on allait tirer un feu d'artifice, provoqua une telle panique dans la foule qu'il y eut des centaines de morts et de blessés.

La nouvelle Dauphine plut tout de suite à la Cour : malgré son front un peu trop bombé et ses lèvres trop épaisses, elle avait un teint tellement frais et lumineux que son charme était indéniable. Très gaie et vive, elle séduisit tout le monde à commencer par le roi, et son jeune âge

△ **Le dauphin Louis en 1769.** Dévot et aimant la vie simple, le jeune Dauphin ne ressemblait guère à son grand-père Louis XV, et ses deux frères, plus brillants et mondains, semblaient mieux faits pour assumer la charge de la royauté. Louis XV, qui se préoccupait fort de l'éducation de ses petits-fils, n'eut que peu d'influence sur son successeur. Peinture de Louis-Michel Van Loo. Château de Versailles.
Phot. Hubert Josse.

△ **La dauphine Marie-Antoinette en 1770.** Le choix d'une archiduchesse autrichienne pour épouser le Dauphin avait été pour Choiseul une opération politique destinée à la fois à affermir l'alliance de la France et de l'Autriche et à contrebalancer l'influence de Mme du Barry. Peinture de J.-B. Charpentier. Château de Versailles.
Phot. Hubert Josse.

La grande illumination ▷ **donnée dans le parc et sur le canal du château de Versailles** à l'occasion du mariage du Dauphin avec Marie-Antoinette d'Autriche, le 16 mai 1770. Les fêtes du mariage princier durèrent plusieurs jours et comportèrent bals, représentations théâtrales et feux d'artifice. Dessin de Moreau le Jeune (détail). Musée du Louvre, Paris.
Phot. Giraudon.

faisait oublier ses défauts naturels, une grande légèreté de caractère, une inaptitude inquiétante à appliquer son esprit à quelque chose de sérieux et beaucoup de paresse. Marie-Antoinette, qui devait à Choiseul d'être la future reine de France, fit cause commune avec lui et s'entendit avec ses tantes, les filles de Louis XV, pour s'opposer à Mme du Barry, qu'elle traitait par le mépris. Malgré les recommandations de sa mère Marie-Thérèse, qui, par diplomatie, lui demandait de se concilier la favorite royale, la Dauphine ne put se résoudre à être aimable avec cette dernière.

La disgrâce de Choiseul. Le mariage du Dauphin ne sauva pas Choiseul de la disgrâce. Alors qu'il semblait dominer l'État, il était en fait devenu suspect au roi par son attitude ambiguë tout au long des affaires de Bretagne. Il était soupçonné d'avoir soutenu en cachette La Chalotais, et Louis XV le rendait responsable de l'agitation générale des parlementaires. Il avait contre lui l'hostilité de Mme du Barry et de son parti. Dans son propre ministère, deux hommes montaient le roi contre lui : René-Nicolas de Maupeou, devenu garde des Sceaux en 1768, et son ami, l'abbé Terray, qu'il avait fait nommer contrôleur général des Finances en 1769. Tous deux insinuaient que Choiseul et sa sœur, la duchesse de Gramont, inspiraient les chansons et les libelles injurieux à l'égard de la favorite et ils reprochaient au ministre ses dépenses et sa gestion financière.

△ **Le duc de Choiseul.** Depuis 1758, Choiseul dirigeait la politique de la France. Par ses idées libérales et son désir de se concilier l'opinion publique, il laissa la fronde parlementaire se développer. Plus préoccupé des succès obtenus dans sa politique extérieure que des troubles intérieurs, il ne vit pas se détériorer le pouvoir royal. Puissant du vivant de sa protectrice, Mme de Pompadour, il fut ensuite en butte à l'antipathie de la nouvelle favorite et à la lutte sourde menée contre lui par Maupeou et Terray. Peinture de Louis-Michel Van Loo. Musée national du château de Versailles.
Phot. Hubert Josse.

Ce fut la politique étrangère de Choiseul qui provoqua directement sa chute. Fidèle à sa politique d'alliance avec les Bourbons d'Europe, le ministre voulait soutenir l'Espagne en conflit avec l'Angleterre à propos de l'occupation des îles Falkland (les Malouines). Mais, en décembre 1770, Terray déclara au Conseil que le trésor était vide et qu'une guerre serait impossible à soutenir. Louis XV devait alors choisir entre Choiseul et ses ennemis, Maupeou et Terray. Pour éviter le conflit qui se préparait, le souverain décida de sacrifier son ministre. Le 24 décembre, il lui fit remettre ce billet : « J'ordonne à mon cousin, le duc de Choiseul, de remettre la démission de sa charge de secrétaire d'État et de surintendant des Postes entre les mains du duc de La Vrillière et de se retirer à Chanteloup jusqu'à nouvel ordre de ma part. »

Quand Choiseul quitta Versailles pour se retirer sur ses terres de Chanteloup, près d'Amboise, il fut acclamé par la foule, car il passait pour une victime de la du Barry. Ses amis prirent l'habitude de le visiter dans sa retraite qui devint le centre d'une opposition au pouvoir royal et, pour honorer leur fidélité, le « roi Choiseul » fit élever près de son château une pagode chinoise sur laquelle il fit graver leurs noms.

Le triumvirat. Choiseul renvoyé, le roi confia le pouvoir à des hommes nouveaux et énergiques, décidés à combattre la rébellion parlementaire. Le pouvoir passa entre les mains de Maupeou, un ancien magistrat doté d'un caractère indomptable et d'une pensée politique très sûre. Avec d'Aiguillon, qui devint secrétaire d'État aux Affaires étrangères, et Terray, contrôleur général aux Finances, il forma un « triumvirat » résolument antiparlementaire. Les autres ministres, La Vrillière à la Maison du roi, le marquis de Monteynard à la Guerre, Bourgeois de Boynes à la Marine, étaient eux aussi décidés à préserver l'autorité royale. Ce « ministère de combat » allait durer jusqu'à la mort de Louis XV sans modification notable.

Dès les derniers jours du ministère de Choiseul, la guerre s'était engagée entre Maupeou et les parlements. Ceux-ci s'étant opposés aux mesures fiscales de Terray, Maupeou envoya au parlement, le 27 novembre 1770, un édit condamnant la prétendue unité des corps des parlements et leur interdisant de retarder l'enregistrement des édits. Les parlementaires se mirent une nouvelle fois en grève et, sommés par le roi de reprendre leurs services, lui opposèrent un refus formel d'obéissance. Dans la nuit du 19 au 20 janvier

◁ **Le repas de Charles III, roi d'Espagne.** Le souverain revendiquait comme possession de l'Amérique espagnole les îles Malouines, où les Anglais étaient aussi installés. Choiseul vit dans ce conflit l'occasion de retrouver son crédit auprès de Louis XV et fit espérer au roi d'Espagne le soutien de la France dans une guerre éventuelle. Mais son plan se retourna contre lui et Louis XV préféra prendre parti pour Maupeou et Terray. Peinture de Luis Paret y Alcazar. Musée du Prado, Madrid.
Phot. Giraudon.

△ **Vue du château de Chanteloup et de la ville d'Amboise prise des portes de l'avenue d'Espagne.** La retraite de Choiseul se transforma en exil doré et les grandes familles de la noblesse fréquentèrent la « cour » de Chanteloup, où se succédaient réceptions fastueuses, chasses à courre et représentations théâtrales. Il ne reste de cette résidence somptueuse que la « pagode de l'amitié ». Peinture de Pierre Lenfant. Musée des Beaux-Arts, Tours.
Phot. J.-J. Moreau.

1771, des mousquetaires se rendirent au domicile de chaque magistrat, porteurs d'une lettre lui enjoignant de déclarer par écrit, « sans tergiversation ni détour, par simple déclaration de *oui* ou de *non* », s'il consentait à reprendre son service. La plupart refusèrent. La nuit suivante, des lettres de cachet exilèrent 130 magistrats dans des lieux éloignés de Paris et les privèrent de leurs charges. Une mesure qui provoqua la fureur des parlementaires qui s'estimaient depuis toujours propriétaires de ces charges.

Le parlement Maupeou.

Maupeou devait agir très vite et les parlementaires, rendus confiants par leur victoire des années précédentes, avaient sous-estimé l'énergie du ministre. Celui-ci, en fait, avait déjà préparé la grande réforme qui devait permettre l'établissement d'une justice moderne en balayant les privilèges des parlements. Jusque-là, tous les ministres avaient reculé devant le danger de porter atteinte à une institution archaïque, mais puissante.

L'édit du 23 février 1771 constitua donc une profonde réforme du système judiciaire français : la vénalité des charges était abolie ; avec la suppression des « épices » — les taxes payées aux juges comme rétribution —, la justice devenait gratuite ; enfin le parlement de Paris était supprimé et remplacé par six conseils supérieurs, à Arras, Blois, Châlons, Clermont, Lyon et Poitiers, véritables cours d'appel, sans pouvoirs politiques ou administratifs, dont les juges étaient nommés et appointés par

△ **René-Nicolas de Maupeou, chancelier de France.** Apparenté à la plupart des grandes familles de robe, Maupeou était, malgré sa très grande politesse, un homme intransigeant, très attaché à l'autorité royale et dont l'ambition était de remplacer Choiseul. La protection de Mme du Barry lui fut utile pour s'imposer comme l'homme indispensable capable de remplacer Choiseul. Peinture anonyme. Musée national du château de Versailles.
Phot. Lauros-Giraudon.

le roi. La réforme fut étendue aux parlements de Rouen et de Douai. Maupeou eut d'abord quelques difficultés à constituer les nouveaux tribunaux. Cependant il put composer le nouveau parlement de Paris à l'aide d'anciens conseillers d'État et de magistrats restés fidèles au roi, qui nomma comme premier président un grand juriste, Bertier de Sauvigny.

Bien entendu, la réforme de Maupeou souleva une grande émotion en France. Le parlement était considéré, à tort, comme le rempart de la liberté, et la noblesse s'indigna de le voir privé de ses privilèges. Une campagne de libelles se déclencha contre le ministre. La noblesse affectait

◁ **Louis Phélypeaux de La Vrillière.** Dans le ministère que Louis XV constitua après le départ de Choiseul, La Vrillière conserva le secrétariat à la Maison du roi, qu'il détenait depuis 1725. Trois hommes se détachèrent nettement de l'ensemble du ministère, le « triumvirat » Maupeou, Terray et d'Aiguillon, résolus à briser la puissance des parlements. Peinture de Louis Tocqué. Musée des Beaux-Arts, Marseille.
Phot. Yves Gallois.

Gravure allégorique et ▷ satirique pour la chute du chancelier Maupeou. Le chancelier, figuré sous les traits d'un chien enragé, est poursuivi par les furies et les parlementaires revêtus de la toge romaine. La réforme de Maupeou, qui n'était sans doute que la première étape d'un remaniement plus important de l'administration monarchique, portait atteinte à tout le système judiciaire. L'œuvre de Maupeou qui, selon lui, « avait fait gagner au roi un procès qui durait depuis trois siècles », fut interrompue par la mort de Louis XV. B. N., Paris.
Phot. B. N.

de se moquer du « parlement Maupeou ». Cependant, les parlementaires ne bénéficièrent pas du vaste mouvement d'opinion en leur faveur sur lequel ils comptaient. Quant aux philosophes, et en particulier Voltaire, qui avaient tant de fois lutté contre le fanatisme des magistrats, ils applaudirent à la « révolution » de 1771. D'ailleurs, les nouveaux tribunaux fonctionnèrent de façon satisfaisante et les critiques désarmèrent. La réforme de Maupeou, outre qu'elle modifia profondément le recrutement judiciaire, avait mis fin à la stérile opposition des parlementaires et avait brisé la caste nobiliaire de la magistrature. Maupeou avait bien d'autres projets et, avec son secrétaire, Lebrun, le futur consul, il projetait de donner au royaume un Code unique de lois. Mais son œuvre fut interrompue par la mort de Louis XV.

L'« abbé vide-gousset ». Débarrassé de l'opposition parlementaire, le pouvoir royal pouvait espérer reprendre l'œuvre commencée par Machault et assainir les finances. Le soin en fut confié à l'abbé Terray, un homme brutal, passablement débauché et sans scrupules qui, comme Maupeou, n'hésita pas à braver l'impopularité pour rétablir la situation. Ses moyens expéditifs le firent surnommer l'« abbé vide-gousset ».

Les guerres, les prodigalités du roi et de Mme du Barry, les dépenses excessives de la Cour n'avaient fait qu'aggraver la situation financière. Pour l'année 1770, le déficit prévu était de plus de 60 millions et la dette arriérée exigible dépassait 100 millions. Avec l'accord de Louis XV, Terray eut d'abord recours à un certain nombre d'expédients : transformation des « tontines » en rentes viagères, réductions sur les pensions, suspension des « rescriptions » des receveurs généraux, emprunt de 160 millions. Cependant, le contrôleur général voulait procéder à des réformes plus profondes touchant les privilégiés. Il voulut abolir les « acquits de comptant », ou

△ **L'abbé Joseph-Marie Terray.** Il fut peut-être « le plus mauvais prêtre du royaume », mais il fut sans conteste un excellent financier, doté d'un esprit remarquablement clair et rapide. Comme Maupeou, il était un défenseur farouche de l'autorité royale et faisait peu de cas des intérêts particuliers. Il fit preuve d'une indifférence totale à la haine que déclenchèrent contre lui ses mesures brutales destinées à redresser le budget de l'État. Peinture d'Alexandre Roslin. Musée national du château de Versailles.
Phot. Lauros-Giraudon.

Le marchand et banquier ▷ de Nancy, Jean-François Villiez, reçoit des envoyés de l'empereur Joseph II venus pour contracter un emprunt. Réduire les dépenses de la Cour et plus particulièrement de Mme du Barry, assurer à l'État de nouvelles rentrées d'argent, telles furent les mesures d'urgence, souvent réduites à de simples expédients, que prit Terray. Ses ambitions étaient plus grandes et il voulait répartir l'impôt du vingtième de façon plus équitable. Mais, malgré des résultats appréciables, il n'eut pas le temps de mener à terme ses réformes. Peinture anonyme. Musée historique lorrain, Nancy.
Phot. G. Dagli Orti.

116. 1764-1774 LE DÉCLIN DE L'ANCIEN RÉGIME.

dépenses incontrôlées du roi, mais se heurta à l'hostilité de la Cour. De la même façon, lorsqu'il essaya de supprimer les « croupes » des fermiers généraux, c'est-à-dire les parts d'intérêts que ces derniers accordaient à leurs prêteurs, il trouva parmi les « croupiers » la famille royale et la favorite et fut contraint d'abandonner son projet. En novembre 1771, par un édit, il prorogea les deux vingtièmes, en décidant qu'ils seraient perçus en proportion des revenus sans considération de personnes. C'était évidemment porter un coup dur aux privilèges. Pour parvenir à établir le cadastre, il demanda en 1772 aux intendants de faire un relevé annuel des populations d'après les registres paroissiaux, amorçant ainsi l'étude statistique de la démographie. Par ces mesures énergiques, Terray parvint à réduire le déficit des finances royales à 24 millions. Il est probable que si la mort de Louis XV n'avait pas interrompu son œuvre, il aurait pu obtenir d'autres résultats appréciables, mais son impopularité était telle que, lorsqu'il voulut interdire les exportations de grains et constituer des stocks de blé, on l'accusa de spéculer sur la misère. Il lui fut impossible aussi de réformer les habitudes dispendieuses de la Cour, et plus particulièrement de Mme du Barry, qui dépensait plus de 300 000 livres par mois.

△ **Les abords d'une foire.** À deux reprises, en 1770 et 1771, Terray bloqua les exportations de blé et constitua des stocks. Cela lui valut l'accusation de spéculer sur la misère du peuple. Peinture de Joseph Vernet, exécutée en 1774 pour l'abbé Terray. Musée Fabre, Montpellier.
Phot. Claude O'Sughrue.

△ **« La royauté sous cloche ».** Sur cette gravure satirique, la royauté est représentée par une citrouille sous cloche (c'est-à-dire sous l'influence des ministres du triumvirat), sur laquelle se prélasse un lézard portant mitre ecclésiastique. Autour, volent les édits royaux sur les impôts.
Phot. Larousse.

1764-1774 LE DÉCLIN DE L'ANCIEN RÉGIME, 117

La mort du roi. L'attitude trop faible d'Aiguillon aux Affaires étrangères causa la diminution de l'influence française en Europe, déjà bien amoindrie depuis le traité de Paris. La France, incapable de venir en aide à la Pologne, menacée par la Russie et la Prusse, assista impuissante, en 1772, au premier partage de celle-ci et à l'amputation de son territoire par l'Autriche, la Russie et la Prusse. D'Aiguillon eut simplement à son actif un pacte conclu avec le roi de Suède, Gustave III, qui donnait à la France un allié éventuel contre Frédéric de Prusse. Mais les derniers conflits européens avaient mis l'accent sur la faiblesse du royaume par rapport aux autres grandes puissances. Les Français se trouvaient humiliés dans leur orgueil national et l'opinion publique était prompte à mettre au compte de l'alliance avec l'Autriche la perte du prestige de la France.

Cependant, à Versailles, sous l'impulsion de Mme du Barry, la vie joyeuse continuait. Les mariages des frères du Dauphin, les comtes de Provence et d'Artois, avaient été célébrés par des festivités brillantes. En 1774, Louis XV avait soixante-quatre ans et continuait à avoir belle allure. Il semblait pouvoir vivre encore de longues années lorsque, le 27 avril, il tomba soudainement malade à Trianon et fut transporté à Versailles. Bientôt il n'y

△ *Le Gâteau des rois,* allégorie représentant Catherine II, Stanislas II, Joseph II et Frédéric II se partageant la Pologne. D'Aiguillon n'avait pas les qualités diplomatiques de Choiseul et ne sut pas protéger la Pologne, alliée de la France, des ambitions de l'Autriche, de la Prusse et de la Russie. Le partage de la Pologne fut suivi de deux autres, en 1793 et 1795. Gravure de Lemire. B. N., Paris.
Phot. Giraudon.

eut plus de doute : le roi avait la petite vérole. Informé de son état, Louis XV fit partir Mme du Barry de Versailles et put mourir chrétiennement le 10 mai. L'hostilité des Français à son égard était alors si grande qu'on n'osa pas lui faire de funérailles publiques et c'est sans escorte que, de nuit, on transporta son corps à Saint-Denis. Au passage, quelques curieux, par dérision, crièrent : « Taïaut ! Taïaut ! Voilà le plaisir des dames ! », tant celui qui avait été autrefois le Bien-Aimé était alors détesté de son peuple, qui lui reprochait ses mœurs et ses dépenses. Tous mettaient leurs espoirs dans le petit-fils de Louis XV, le nouveau roi de France, dont la vie irréprochable et la bonté semblaient de bon augure pour le royaume.

◁ **La comtesse du Barry.** Le peintre a représenté la favorite en travesti mythologique. Jusqu'à la mort de Louis XV, la jolie Jeanne Bécu entraîna la Cour dans un tourbillon de plaisirs futiles. Bien que n'ayant pas désiré jouer un rôle politique, elle fut amenée à orienter la politique royale en prenant le parti des adversaires de Choiseul. Peinture de François Drouais. Musée national du château de Versailles.
Phot. Hubert Josse.

△ **Louis XV en août 1773.** À soixante-quatre ans, le roi avait conservé la prestance du « Bien-Aimé ». Cependant, son visage commençait à s'empâter et son regard laissait percevoir une grande mélancolie. Son tempérament robuste lui aurait sans doute permis de vivre encore longtemps s'il n'avait pas été brutalement victime de la petite vérole. Celui qui avait suscité tant d'amour des Français au début de son règne mourut dans l'indifférence générale. Peinture de François Drouais. Musée national du château de Versailles.
Phot. Varga/Artephot.

△ **L'entrée des Tuileries et la place Louis-XV.** La statue du roi semble tourner le dos à son siècle. L'avant-dernier souverain de l'Ancien Régime a laissé une fort mauvaise réputation, injustifiée en grande partie. Louis XV est sans doute mort trop tôt, car les dernières années de son règne portaient l'espoir d'une réforme profonde des institutions monarchiques. Peinture de Jean-Baptiste Leprince. Musée des Beaux-Arts, Besançon.
Phot. Lauros-Giraudon.

1774-1782 Louis XVI

MON DIEU, GUIDEZ-NOUS, protégez-nous, nous régnons trop jeunes !, s'étaient écriés les nouveaux souverains français, au moment où on annonçait la mort de Louis XV. Le mot toucha les Français qui mettaient tous leurs espoirs dans le petit-fils du monarque disparu. Tous connaissaient la bonté et la vie irréprochable de ce jeune homme de vingt ans au visage débonnaire et au corps déjà menacé par l'embonpoint. Pourtant, si Louis XVI était rempli de bonnes intentions et désirait sincèrement le bonheur de son peuple, il était emprunté, timide, d'une intelligence moyenne et surtout d'une grande faiblesse de caractère. Son tempérament velléitaire le mettait à la merci des influences de son entourage. Il était d'ailleurs conscient de ses insuffisances et reprochait à son gouverneur La Vauguyon de ne pas l'avoir véritablement préparé à son métier de roi. Comme tous les Bourbons, il était un gros mangeur et se passionnait pour la chasse, un plaisir auquel il se livrait le plus souvent possible. Louis XVI ne manquait pas d'instruction, parlant plusieurs langues, s'intéressant à la littérature, à la géographie, à l'astronomie. Fort adroit de ses mains, il avait installé dans ses appartements de Versailles des ateliers de serrurerie, d'horlogerie et de physique, dans lesquels il aimait travailler, lorsque ses charges officielles lui en laissaient le loisir.

On ne pouvait rencontrer de femme plus dissemblable de son mari que la jeune reine Marie-Antoinette. D'une éclatante beauté, la souveraine de dix-neuf ans pensait surtout à s'amuser. Capricieuse, coquette, elle multipliait les dépenses, menait joyeuse vie avec les jeunes nobles de la cour et prétendait s'affranchir de la pesante étiquette de Versailles, qui lui faisait horreur. Sa mère, l'impératrice Marie-Thérèse, tentait vainement de la ramener à une vie plus conforme à la dignité royale et son frère Joseph II la traitait de « tête à vent ». Emportée par le tourbillon de fêtes, de bals et de jeux, Marie-Antoinette ne comprenait pas qu'elle commençait à devenir impopulaire chez ses sujets qui lui reprochaient ses dépenses et son mépris des traditions.

Louis XVI ne pouvait guère compter sur les autres membres de sa famille, ses deux frères cadets, le comte de Provence (futur Louis XVIII) et le comte d'Artois (futur Charles X). Le premier, qui fut considéré comme l'héritier du trône jusqu'à la naissance du premier dauphin Louis en 1781, était secrètement jaloux du roi et inspirait une campagne de libelles contre Marie-Antoinette. Le second faisait figure de jeune écervelé. Mesdames, filles de Louis XV et tantes de Louis XVI, entendaient aussi diriger leur jeune neveu. Louis XVI devait compter avec l'opposition de ses cousins et plus particulièrement avec celle du duc d'Orléans qui, ouvert à toutes les nouveautés et anglomane convaincu, fit de sa résidence du Palais-Royal un foyer de fronde contre le pouvoir. Louis XVI manquait donc dans son entourage de personnalités capables de le conseiller utilement et sa faiblesse naturelle l'empêcha de s'attacher à un programme de gouvernement durable. Il sut se donner de grands ministres, Turgot, Necker et Calonne, mais, tiraillé entre des influences contradictoires, il les désavoua trop vite pour leur permettre d'être efficaces.

◁ **Les jardins de Versailles au moment de l'abattage des arbres, pendant l'hiver 1774-1775 (vue du bosquet des Bains d'Apollon).** Cette vue inhabituelle du parc de Versailles, avec ses statues brisées et ses arbres débités en tronçons, semble être l'image prophétique de la chute de l'Ancien Régime. C'est Louis XVI lui-même qui commanda en 1775 au peintre cette scène mélancolique. Peinture d'Hubert Robert. Musée national du château de Versailles.
Phot. Lauros-Giraudon.

POUR RÉPONDRE À L'ENTHOUSIASME POPULAIRE qui avait salué son avènement, Louis XVI voulut satisfaire l'opinion publique et désarmer l'opposition. Sur le conseil de ses tantes, il choisit comme ministre d'État le vieux comte de Maurepas auquel ses attaques contre Mme de Pompadour avait valu la disgrâce en 1749. Pour marquer sa rupture avec le règne précédent, Maurepas commença par renvoyer les ministres de Louis XV : d'Aiguillon, Maupeou et Terray furent disgraciés et, avec leur départ, s'interrompait la grande œuvre de réformes qu'ils avaient entreprise. Puis, désavouant implicitement son grand-père, Louis XVI, dans un lit de justice tenu le 12 novembre 1774, réinstalla le parlement de Paris. Bien accueillie par les Français, toujours très favorables aux parlementaires, cette mesure était cependant néfaste, car elle permit aux magistrats de reprendre leur agitation contre l'autorité royale.

Les projets de Turgot. Maurepas fut cependant de bon conseil dans la formation de l'équipe ministérielle que constitua Louis XVI pendant les premiers mois de son règne. Le roi fit appel à des hommes de valeur : Vergennes fut nommé aux Affaires étrangères, Turgot à la Marine, Du Muy à la Guerre. Mais, le 24 août, déchargé de la Marine au profit de Sartine, Turgot fut nommé contrôleur général des Finances. Dès lors, il allait marquer de sa compétence les deux premières années du règne.

Intendant du Limousin pendant treize ans, Turgot avait administré sa province avec beaucoup d'efficacité, par l'améliora-

Les essais de réforme

△ **Louis XVI.** On mettait beaucoup d'espoirs dans ce jeune homme corpulent et consciencieux, qui, malgré ses bonnes intentions, n'avait pas l'envergure d'un souverain. Peinture de Joseph-Siffred Duplessis. Musée Condé, Chantilly.
Phot. Lauros-Giraudon.

△ **Marie-Antoinette,** la « petite reine », dans la grâce de ses vingt ans. Peinture de Perin-Salbreux. Musée des Beaux-Arts, Reims.
Phot. K. Takase/Artephot.

122, 1774-1782 LOUIS XVI.

tion du réseau routier, le développement des industries de la région et la mise en place de méthodes fiscales nouvelles. Il avait collaboré à l'*Encyclopédie* et était un fidèle disciple de l'école physiocratique. Le nouveau contrôleur des Finances arrivait avec un programme bien précis qu'il exposa dans une lettre au roi dès le jour de sa nomination : « Je me borne en ce moment, sire, à vous rappeler ces trois paroles :

> Point de banqueroute ;
> Point d'augmentation d'impôts ;
> Point d'emprunts...

Votre Majesté sait qu'un des plus grands obstacles à l'économie est la multitude des demandes dont elle est continuellement assaillie... Il faut, sire, vous armer contre votre bonté même, considérer d'où vous vient cet argent que vous pouvez distribuer à vos courtisans et comparer la misère de ceux auxquels on est quelquefois obligé de l'arracher par les exécutions les plus rigoureuses... Je serai craint, haï même de la plus grande partie de la cour, de tout ce qui sollicite des grâces. »

Pour rétablir la situation financière (la dette s'élevait alors à près de 220 millions de livres), Turgot voulait réaliser des économies et favoriser le développement de la richesse nationale. Il supprima un certain nombre d'offices inutiles, contrôla les dépenses, limita le coût des emprunts. Mais, comme ses prédécesseurs, il ne put réduire les dépenses de la Cour. Louis XVI avait fait preuve de bonne volonté en renonçant aux impôts de « don du joyeux avènement » et de « la ceinture de la reine », en diminuant aussi sa meute de petits chiens. Mais il se garda bien de réduire les pensions de la famille royale. Cependant, les Français étaient pleins d'espoir et on chantait dans les rues de Paris :
« Grâce au bon roi qui règne en France,
Nous allons voir la poule au pot !
Cette poule, c'est la finance,
Que plumera le bon Turgot. »

La guerre des Farines. La récolte de 1774 avait été mauvaise et le prix du pain avait augmenté. Adepte comme la plupart des théoriciens de son époque du libéralisme économique, Turgot, par l'édit du

△ **Turgot.** En bon physiocrate, le nouveau contrôleur des Finances était partisan du libéralisme en matière économique. Son expérience d'intendant du Limousin lui avait montré la nécessité d'appliquer de nouvelles méthodes fiscales et de supprimer les inégalités. Mais son intransigeance doctrinaire devait lui valoir de nombreux ennemis. Peinture anonyme. Musée national du château de Versailles.
Phot. Lauros-Giraudon.

◁ **Illumination du belvédère du Petit Trianon pour une fête donnée en l'honneur du comte de Falkenstein.** Sous ce nom d'emprunt, l'empereur d'Autriche Joseph II vint incognito à Paris en 1777 pour convaincre sa sœur, la reine Marie-Antoinette, d'adopter un mode de vie moins frivole et d'éviter les imprudences qui commençaient à la rendre impopulaire. Peinture de Claude-Louis Châtelet. Musée national du château de Versailles.
Phot. Lauros-Giraudon.

◁ **La boulangerie.** Véritable prélude des journées révolutionnaires de 1789, la guerre des Farines provoqua la marche sur Versailles de plusieurs milliers de manifestants exaspérés par la hausse du prix des blés. C'était une des conséquences du décret de Turgot rétablissant la liberté du commerce des blés, ce qui donna libre cours à la spéculation. Planche de l'*Encyclopédie*. Musée Carnavalet, Paris.
Phot. Lauros-Giraudon.

13 septembre 1774, décréta la liberté, à l'intérieur du royaume, du commerce des grains jusque-là sévèrement réglementé. Il espérait ainsi favoriser les agriculteurs qui pourraient trouver des marchés plus avantageux. En fait, cette mesure encouragea la spéculation et, survenant dans une période de mauvaises récoltes, provoqua une nouvelle augmentation du pain. La flambée des prix engendra de violentes émeutes auxquelles on donna le nom de « guerre des Farines ».

Les troubles éclatèrent sur le marché de Dijon le 18 avril 1775 et, cyniquement, le gouverneur de la ville conseilla aux manifestants « d'aller brouter l'herbe nouvelle », s'ils avaient faim. À peu près simultanément, dans différentes villes de France, la foule se souleva, pilla les boulangeries et imposa la taxation des blés et farines au-dessous du cours. Le 2 mai, une troupe de 8 000 manifestants envahit les cours du château de Versailles. Le roi refusa toute concession, mais le chef des gardes, M. de Poix, pressé par la foule, promit que le blé serait taxé au prix demandé et les émeutiers consentirent à se retirer. Le lendemain, à Paris, les boulangeries furent systématiquement pillées. Turgot sut tenir tête à ces émeutes et fit rassembler autour de Paris les troupes du maréchal de Biron. Plus de 160 émeutiers furent arrêtés et deux d'entre eux, un ouvrier charpentier et un perruquier, furent pendus en place de Grève. Turgot sortait vainqueur de la guerre des Farines, mais il était devenu très impopulaire en France. D'ailleurs tout n'était pas très clair dans cette affaire et le bruit courut avec insistance qu'un complot monté par de grands personnages — on parlait du prince de Conti, cousin du roi — était à l'origine des troubles. Mais il fut impossible de prouver que des meneurs, payés par l'aristocratie, avaient déclenché ces émeutes pour discréditer le ministre.

Les édits de Turgot. Alors que la guerre des Farines venait de s'achever, le roi Louis XVI s'apprêtait à se faire sacrer. Dans un but d'économie, Turgot aurait voulu que la cérémonie se fît à Paris. Mais Louis XVI tenait à recevoir la couronne royale dans la cathédrale de Reims où tous ses aïeux avaient été oints. Le sacre eut lieu le 11 juin selon un cérémonial conforme au rituel. La seule fausse note fut la phrase malheureuse que, d'après Mme Campan, Louis XVI prononça au moment où la couronne était posée sur sa tête : « Elle me gêne ! »

Cependant, Turgot poursuivait ses réformes. En janvier 1776, il proposa au Conseil six édits apportant des modifications profondes. La corvée royale, ou obligation faite aux paysans de travailler gratuitement pour l'entretien des routes quelques jours par an, était supprimée. Elle était remplacée par la subvention territoriale, un impôt payé par les propriétaires fonciers. Cet édit fut évidemment fort bien accueilli dans les campagnes, où on chantait ce gai refrain :

« Je n'irons plus aux chemins
Comme à la galère
Travailler soir et matin
Sans aucun salaire. »

◁ **Les jardins de Versailles au moment de l'abattage des arbres (vue prise à l'entrée du Tapis vert).** Des ouvriers bûcherons au repos prennent leur repas. Une marchande ambulante offre des friandises et un autre marchand vend du vin aux ouvriers. Peinture d'Hubert Robert. Musée national du château de Versailles. *Phot. Réunion des musées nationaux.*

△ **Le Pont-Neuf et la Monnaie.** Au premier plan, sur le quai Bourbon, on décharge un chaland. L'approvisionnement des grandes villes était un problème permanent et Turgot, par son édit, avait voulu éviter le déséquilibre qui pouvait exister entre les provinces. Il fut facile à ses ennemis de faire courir le bruit qu'il menait les Français à la disette. Peinture d'Alexandre-Jean Noël. Musée Carnavalet, Paris. *Phot. Lauros-Giraudon.*

Un autre édit établissait la liberté du travail en supprimant les corporations, les maîtrises et les jurandes. Mais ces mesures portaient atteinte à trop d'intérêts pour ne pas soulever l'indignation des privilégiés et les réformes de Turgot allaient provoquer sa chute. Le ministre avait pourtant bien d'autres projets. Il voulait détruire les privilèges fiscaux et instituer un seul impôt reposant sur les revenus. Il avait aussi un plan de simplification du système administratif français : il songeait à créer un réseau d'assemblées locales consultatives, les « municipalités », élues par les citoyens et qui devaient participer à l'administration du royaume.

En octobre 1775, Turgot avait conseillé à Louis XVI de nommer au secrétariat à la Guerre le comte de Saint-Germain. Sur le modèle de l'armée prussienne, cet officier accomplit d'importantes réformes dans l'organisation militaire, supprimant les compagnies de mousquetaires et les grenadiers à cheval de la maison du roi, créant douze écoles pour préparer les gentilshommes pauvres à l'École militaire et renforçant la discipline. Mais, lorsqu'il voulut abolir la vénalité des grades, il se heurta, lui aussi, à une levée de boucliers de la part de la noblesse.

La chute de Turgot. Turgot était parvenu à dresser tout le monde contre lui : la cour, les privilégiés, les maîtres des corporations, les fermiers généraux, les financiers, les spéculateurs sur les grains.

◁ **Le salon du duc d'Orléans.** Ce dernier rassemblait dans sa demeure du Palais-Royal les nobles opposés au « despotisme ministériel ». On remarque, à gauche du tableau, son fils, le futur Philippe Égalité. Aquarelle de Carmontelle. Coll. part.
Phot. Jean-Loup Charmet.

◁ **Le menuet sous le chêne.** Il fut impossible à Turgot de réduire les pensions et les charges lucratives que touchaient les nobles de la cour et qui leur permettaient de mener une existence luxueuse. Peinture de François-Louis-Joseph Watteau, dit « Watteau de Lille ». Musée des Beaux-Arts, Valenciennes.
Phot. Lauros-Giraudon.

Louis XVI en habit de ▷ **sacre.** La cérémonie du sacre, à Reims, fut une des dernières grandes fêtes officielles de l'Ancien Régime. Selon la coutume, Louis XVI, une fois sacré roi, toucha les malades atteints d'écrouelles pour les guérir. Peinture de Joseph-Siffred Duplessis. Musée Carnavalet, Paris.
Phot. Nimatallah/Artephot.

△ **La famille du duc de Penthièvre ou La tasse de chocolat.** La haute société se souciait peu des difficultés économiques et politiques, et s'employait à goûter la « douceur de vivre » dont parlera Talleyrand. Dans cette scène de l'intimité d'une famille princière, le raffinement du mobilier et des vêtements témoigne du train de vie des privilégiés. Peinture de Jean-Baptiste Charpentier le Vieux. Musée national du château de Versailles.
Phot. Lauros-Giraudon.

◁ **Le travail dans la cave.** Les physiocrates, au nom du libéralisme, étaient violemment hostiles au système des corporations dont les réglementations souvent archaïques étaient un frein aux progrès techniques et aux innovations. Gravure de Jean-Jacques de Boissieu.
Phot. Larousse.

Animé par le clergé et les parlementaires, un véritable parti se constitua pour convaincre Louis XVI de se débarrasser de son ministre. Comme toujours, le parlement prit la tête de l'opposition et refusa d'enregistrer les édits de janvier 1776. Le 12 mars,

La petite toilette. Ce jeune élégant, autour duquel s'empressent tailleurs et coiffeurs, pourrait faire partie du cercle qui gravitait autour de la reine Marie-Antoinette. Les frères du roi, les Polignac, la princesse de Lamballe dépensaient sans compter, car ils savaient que la souveraine intercéderait auprès de Louis XVI pour obtenir le règlement de leurs dettes. Le roi protestait, mais se résignait à payer. Cette coterie frivole et dépensière ne pouvait accepter les économies préconisées par Turgot et poussa Louis XVI à renvoyer son ministre. Gravure de Pietro Antonio Martini, d'après Jean-Michel Moreau le Jeune.
Phot. Giraudon.

L'atelier du sieur Jadot, menuisier à Paris. En février 1776, Turgot supprima les corporations sauf pour les « métiers de danger », imprimeurs, barbiers, orfèvres, serruriers et apothicaires. Cependant, la chute de Turgot quelques mois plus tard devait entraîner le rétablissement des corporations. Gravure de Chenu. B.N., Paris.
Phot. B.N./Presses de la Cité.

le roi le convoqua en lit de justice à Versailles et le contraignit à cet enregistrement. Louis XVI reconnaissait les qualités de Turgot et disait : « Il n'y a que M. Turgot et moi qui aimions le peuple. »

Mais, malgré la sympathie qu'il éprouvait pour son contrôleur des Finances, il n'avait pas la force de le soutenir envers et contre tous, et les instances de la reine et des courtisans furent plus fortes que ses convictions. Le 12 mai 1776, Turgot recevait l'ordre de démissionner. Quelques jours plus tôt, il avait écrit une lettre prophétique : « N'oubliez jamais, sire, que c'est la faiblesse qui a mis la tête de Charles Ier sur un billot. »

Maurepas remplaça Turgot par l'intendant de Bordeaux, Clugny de Nuits, qui, en quelques mois, révoqua tous les édits de son prédécesseur, rétablissant la corvée royale et les corporations. Le comte de Saint-Germain devait, lui aussi, être disgracié un an après Turgot.

Necker, directeur des Finances. Clugny de Nuits mourut quelques mois

△ **Claude-Louis comte de Saint-Germain.** Après une carrière militaire, il fut nommé secrétaire d'État à la Guerre en 1775 et accomplit une œuvre importante pour réorganiser l'armée avec l'aide d'hommes très compétents comme Gribeauval et le comte de Guibert. Par ses mesures en faveur des soldats et de la petite noblesse, il mécontenta les privilégiés et dut démissionner en 1777. Peinture de Jean-Joseph Taillasson. Musée national du château de Versailles.
Phot. Lauros-Giraudon.

Un président au parlement. ▷ Les parlementaires profitèrent des réformes de Turgot pour reprendre leur fronde contre le pouvoir royal et les ministres. Ils craignaient surtout pour leurs privilèges, car on savait que le ministre avait de nombreux projets pour démanteler les abus, répartir équitablement les impôts et confier une partie de l'administration à des assemblées locales, les « municipalités ». Peinture anonyme. Musée national du château de Versailles.
Phot. Lauros-Giraudon.

Le palais de justice de Paris en 1785. Malgré son estime pour Turgot, le roi était trop faible pour résister aux récriminations conjuguées des parlementaires, des courtisans et des fermiers généraux, menacés dans leurs privilèges. Le médiocre successeur de Turgot, Clugny, n'eut pour seule ambition que de « culbuter d'un côté ce que M. Turgot avait culbuté de l'autre ». Peinture de Pierre-Antoine Demachy.
Phot. J.-L. Charmet/Presses de la Cité.

après avoir été nommé contrôleur général des Finances et ne put trouver qu'une seule mesure pour résorber le déficit, la création d'une loterie royale. Pour faire taire ceux qui regrettaient Turgot, Maurepas conseilla à Louis XVI de faire appel à un financier qui saurait gérer le trésor royal et suggéra le nom du banquier Necker.

Jacques Necker, protestant de Genève, avait acquis une immense fortune tout en gardant la réputation d'un homme intègre. Sa femme, Suzanne Curchod, fille d'un pasteur vaudois, tenait à Paris un salon fort célèbre, fréquenté par les philosophes dont Necker était l'ami. Hostile aux théories physiocratiques, il se proclamait l'émule de Colbert, dont il avait publié un *Éloge* couronné par l'Académie en 1772, et avait combattu les projets de Turgot sur la libre circulation des grains. Il était fort populaire en France par la simplicité de sa vie et par ses activités philanthropiques, telle la fondation d'un hôpital moderne rue de Sèvres à Paris. Mais, étranger et protestant, Necker ne pouvait pas être nommé contrôleur général. Aussi lui donna-t-on le titre de directeur général du Trésor, puis, en juin 1777, celui de directeur général des Finances. Il fut officiellement l'adjoint du terne Taboureau des Réaux, contrôleur général en titre.

Necker, soucieux de sa popularité et tablant sur la richesse de la France, se refusait à proposer des réformes financières et à recourir à de nouveaux impôts. Pourtant, il lui fallait résorber le déficit, et la participation de la France à la guerre des insurgents américains contre l'Angleterre laissait présager de nouvelles dépenses. Necker eut donc recours aux expédients habituels, les économies et les emprunts. Il supprima certains offices de la Cour et diminua les budgets ministériels. Il réorganisa la Ferme générale, ce qui donna au Trésor royal 14 millions. Il multiplia surtout les emprunts à grande échelle — il en émit sept de 1777 à 1781 — et parvint à emprunter 560 millions de livres pendant cette période. Ce qui lui permit de financer la guerre d'Amérique et lui valut cette appréciation louangeuse de Mirabeau : « Necker fait la guerre sans impôts : c'est un dieu ! » Mais cette politique était à long terme fort dangereuse pour le Trésor, car elle augmentait les dettes de l'État dans des proportions inquiétantes et amena indirectement quelques années plus tard la convocation des états généraux.

Le *Compte rendu au Roy*. Necker, au début de son « ministère », fut incontestablement populaire et prit toute une série de mesures inspirées par sa philanthropie « philosophique ». Il organisa un mont-de-piété, abolit le servage sur le domaine royal en 1779 et, en 1780, la question préparatoire, que l'on infligeait aux accusés pour les contraindre à avouer. Reprenant le projet des municipalités élues conçu par Turgot, il décida de faire participer les Français à l'administration du royaume et

△ **Necker.** Ce Génevois calviniste mena une politique habile qui lui valut une grande popularité. Peinture de Duplessis. Coll. part. *Phot. Hubert Josse.*

Mme Necker. Très ambitieuse, elle favorisa la carrière de son mari. Coll. part. ▷
Phot. R. Martinot/Agence Top.

mit sur pied un plan d'assemblées provinciales formées de notables qui devaient assister les intendants dans la levée des impôts et l'entretien des routes. À titre d'essai, la première de ces assemblées fut créée dans le Berry en 1778. Elle comportait 48 membres, 12 appartenant à la noblesse, 12 au clergé et 24 au tiers état, ce qui revenait au doublement de ce dernier ordre par rapport aux deux autres. Une assemblée du même ordre fut organisée à Montauban en 1779 et ébauchée à Grenoble en 1780.

Si la popularité de Necker était grande en France, il n'en avait pas moins beaucoup d'ennemis à la Cour et dans les parlements. Ces derniers étaient indignés par la tentative des assemblées provinciales qui menaçaient leurs prérogatives. Lorsque, pour faire plaisir à la reine, Necker avait nommé deux des protégés de cette dernière, les maréchaux de Ségur et de Castries, à la Guerre et à la Marine, une partie des courtisans menés par Monsieur, frère du roi, cria à la « tyrannie ». Se sentant menacé, Necker prit les devants et fit appel à l'opinion publique en publiant en février 1781 le *Compte rendu au Roy* dans lequel il faisait le bilan de son administration financière. Ce petit ouvrage, que Maurepas qualifia par allusion à la couleur de

◁ **Necker et le *Compte rendu au Roy*.** En multipliant les emprunts, Necker mettait en danger le budget de l'État et il savait qu'il devrait réduire les dépenses de la Cour. Pour prévenir toute attaque contre sa gestion, il publia en 1781 le *Compte rendu au Roy*, qui se révélait accablant pour les courtisans. Il contenait, en effet, le montant exorbitant des sommes qui étaient dilapidées annuellement en pensions et dons divers. Gravure anonyme parue dans le journal de Camille Desmoulins, *Révolutions de France et de Brabant*. B. N., Paris.
Phot. Lauros-Giraudon.

△ **Le comte de Provence (futur Louis XVIII).** Monsieur, frère de Louis XVI, prit la tête des opposants à Necker. Tous les prétextes furent bons pour discréditer le ministre. Necker tenta de résister en demandant au roi de le faire entrer au Conseil avec le titre de ministre d'État. Mais il n'obtint aucune réponse de Louis XVI et préféra démissionner. Peinture de Joseph-Siffred Duplessis. Musée Condé, Chantilly.
Phot. Lauros-Giraudon.

◁ **Charles Gravier, comte de Vergennes.** Ce fils d'un président du parlement de Dijon fit une brillante carrière diplomatique sous le règne de Louis XV en étant ambassadeur à Constantinople, puis à Stockholm. Lorsqu'en 1774 il fut nommé par Louis XVI aux Affaires étrangères, il se consacra à restaurer le prestige de la France dans le monde. Son ambition fut d'abord de maintenir la paix en Europe en renforçant les alliances avec les principales puissances. Mais il n'hésita pas à engager la France dans la guerre de l'Indépendance américaine, ce qui lui permettait une revanche contre l'Angleterre. Peinture de Gustaf Lundberg. Château de Blérancourt.
Phot. Lauros-Giraudon.

sa couverture de « conte bleu », eut un succès considérable. En quelques jours, il s'en vendit 100 000 exemplaires. Très habilement, Necker, dans cette apologie de son œuvre, était parvenu, par une présentation truquée de son bilan, à masquer 80 millions du déficit qui atteignait alors 218 millions de livres. Il donnait aussi la liste nominale des pensions et des charges payées aux courtisans et à la famille royale, mettant ainsi en pleine lumière l'énormité des dépenses de la Cour.

Le *Compte rendu* enthousiasma les Français et devint le sujet de conversations des habitués du salon de Mme Necker. Il indigna la reine, les princes, les ministres, les parlementaires. Ils n'eurent guère de peine à convaincre Louis XVI que Necker était dangereux. Harcelé par les attaques, ce dernier préféra démissionner le 19 mai 1781 et se retira dans son domaine de Saint-Ouen. Pour le remplacer, Maurepas fit appel à un conseiller au parlement, Joly de Fleury.

La « grandeur de la France ». Depuis 1774, la politique extérieure de la France était dirigée par le comte de Vergennes qui avait déjà accompli, sous le règne de Louis XV, une brillante carrière diplomatique en Turquie et en Suède. Ce grand homme d'État, inspiré constamment par le « souci de la grandeur française », sut, pendant son long ministère seulement interrompu par sa mort en 1787, redonner au royaume son prestige bien amoindri depuis la guerre de Sept Ans et les maladresses de Choiseul. Pour rétablir la posi-

Audience accordée par le grand vizir au comte de Saint-Priest, ▷ ambassadeur de France à Constantinople, le 18 mars 1779. La faiblesse de l'Empire ottoman favorisait les visées de la Russie qui, alliée à l'Autriche, s'apprêtait à le démembrer. La médiation de Vergennes permit de faire échouer le projet. Peinture de Francesco Giuseppe Casanova. Musée national du château de Versailles.
Phot. Réunion des musées nationaux.

Le comte de Vergennes, ▷ ambassadeur du roi de France, renouvelle l'alliance signée le 28 mai 1777 avec les cantons suisses par un serment dans l'église collégiale de Soleure, le 25 août 1777. Après sa victoire à Marignan, François Ier avait signé avec les cantons suisses une Paix perpétuelle qui lui permettait de lever des mercenaires suisses. Vergennes, avec solennité, resserra l'alliance de la France avec les cantons par le traité de Soleure. Dessin de Laurent Midart. Musée de Soleure.
Archives I. R. L.

tion de la France dans le monde, Vergennes estimait qu'il fallait maintenir l'équilibre européen et prévenir ainsi toute occasion de conflits qui risqueraient d'entraîner son pays dans des guerres périlleuses et coûteuses. Le seul ennemi que la France devait se préparer à affronter était l'Angleterre, « l'ennemi naturel et le plus invétéré de la gloire du roi et de la prospérité de son royaume », un ennemi que la guerre de l'Indépendance américaine lui permit d'affronter.

En se lançant dans cette guerre maritime de revanche, Vergennes prit constamment soin d'éviter que le conflit ne gagnât l'Europe. Tout en restant fidèle à l'alliance autrichienne, il put maintenir la paix et offrir sa médiation dans les litiges issus des ambitions de la Russie, de la Prusse et de l'Autriche. C'est ainsi que, lorsque Joseph II, en 1778, voulut profiter de la crise ouverte par la succession de Bavière pour annexer des territoires qui compenseraient pour son pays la perte de la Silésie, Vergennes put le faire renoncer à ses projets. Le traité de Teschen, signé en mai 1779 sous la garantie de la France, permit d'éviter la rupture entre la Prusse et l'Autriche. Quelques années plus tard, le ministre français fit échouer le projet de démembrement de l'Empire ottoman par Joseph II et Catherine II : en conseillant aux Turcs de céder la Crimée à la Russie en 1784, il empêcha une guerre générale. Avec sagesse, Vergennes avait renoncé à toute idée de conquête nouvelle pour la France et refusa toutes les offres territoriales que lui fit Joseph II et qui auraient rompu l'équilibre européen. Il sut aussi resserrer les alliances de la France : le 28 mai 1777, le traité de Soleure avec les cantons suisses redonnait vigueur à la Paix perpétuelle signée autrefois par François Ier. En 1785, Vergennes renouvelait aussi l'alliance avec les Provinces-Unies.

Benjamin Franklin à Paris. Mais l'entreprise qui fit le plus pour la célébrité de Vergennes fut sans conteste son rôle dans l'intervention française pendant la guerre de l'Indépendance américaine. Cette dernière avait commencé en 1773 par des incidents qui avaient opposé les treize colonies d'Amérique à l'Angleterre, en particulier lorsque les habitants de Boston avaient jeté à la mer la cargaison de thé de plusieurs navires anglais. En 1774, les colons réunis à Philadelphie exposèrent leurs doléances à l'égard de la métropole. Un nouvel incident en 1775 entraîna la rupture définitive et, sous la direction de Washington, des troupes furent levées par le congrès de Philadelphie. Le 4 juillet 1776, les Américains déclaraient leur indépendance. Cependant les « insurgents » ne disposaient que de milices insuffisantes pour résister aux armées anglaises mieux entraînées et mieux équipées. Il leur fallait trouver des alliés en Europe et ils pensèrent tout naturellement à la France dont l'hostilité à l'égard de l'Angleterre leur

△ **Portrait de George Washington** tenant à la main la Déclaration d'indépendance et le traité d'alliance signé entre le roi de France et les États-Unis. Peinture anonyme. Château de Blois.
Phot. J.-Doré.

Déclaration d'indépendance des États-Unis, ▷ proclamée à Philadelphie le 4 juillet 1776. Rédigé en grande partie par Thomas Jefferson, cet acte, qui s'appuyait sur la philosophie des droits naturels : égalité de tous les hommes, droits à la liberté, au bonheur, à l'insurrection, fut adopté par les délégués des treize colonies anglaises. Peinture de John Trumbull. University Art Gallery, Yale.
Phot. Edimedia.

était bien connue. Les insurgents choisirent donc comme porte-parole de leur requête Benjamin Franklin, qui arriva en France en décembre 1776. Le savant, inventeur du paratonnerre, fut accueilli avec enthousiasme dans les salons parisiens et il séduisit les élégants habitués de ceux-ci par sa bonhomie et sa simplicité. Il contribua très rapidement à rendre populaire la cause de ses compatriotes chez les Français. En l'espace de quelques semaines, ces derniers se découvrirent de fervents partisans de l'indépendance des colons américains.

La requête de Franklin trouva Vergennes favorable aux insurgents, car le secrétaire d'État aux Affaires étrangères voyait dans le conflit une occasion de venger la France des humiliations subies dans le passé du fait de l'Angleterre. Mais Louis XVI était par tempérament hostile à la guerre et Vergennes se borna dans l'immédiat à envoyer des vêtements et des armes aux insurgents. Un jeune noble d'Auvergne, à peine âgé de vingt ans, La Fayette, enthousiasmé par la guerre de l'Indépendance menée en Amérique, s'embarqua presque clandestinement avec d'autres gentilshommes en 1777 et vint se mettre sous les ordres de Washington.

La France au secours des insurgents. Le 17 octobre 1777, les insurgents remportaient leur première grande victoire à Saratoga contre l'armée du général anglais Burgoyne, qui capitula avec 5 000 hommes. Cette victoire décida Louis XVI et Vergennes à intervenir en Amérique et, en 1778, ils signèrent avec Franklin un traité d'alliance offensive et défensive. L'année suivante, par la convention d'Aranjuez, Vergennes obtenait le concours militaire de l'Espagne. De plus, le ministre français encouragea la création de la Ligue des neutres qui, composée de la Russie, du Danemark et de la Suède, parvint à apporter des entraves au commerce

△ **Benjamin Franklin.** Le grand savant qui, avec Jefferson et Adams, était un des principaux acteurs de l'indépendance américaine, fut un excellent avocat de la cause de ses concitoyens dans les salons parisiens où sa bonhomie souriante fit merveille. Peinture de Joseph-Siffred Duplessis. Ville de Paris, musée du Petit Palais, Paris.
Phot. Lauros-Giraudon.

△ **Portrait du général de La Fayette pendant la campagne d'indépendance des États-Unis.** Le jeune officier fit partie de ceux que la plaidoirie de Franklin en faveur des insurgents enflamma. Malgré l'interdiction de Louis XVI, il équipa un bateau à ses frais et débarqua à Georgetown en avril 1777. Nommé major général par les insurgents, il se distingua à la bataille de Brandywine, où il fut grièvement blessé. Musée Carnavalet, Paris.
Phot. G. Dagli Orti.

◁ **Siège de Yorktown, en octobre 1781 (détail central).** Alors que les Américains se trouvaient dans une situation précaire, la bataille de Yorktown renversa la situation et assura la victoire définitive des insurgents. La ville dans laquelle était retranché le général anglais Cornwallis fut assiégée par les forces franco-américaines coalisées. L'armée de Rochambeau et la flotte de l'amiral de Grasse jouèrent un rôle important dans la victoire des insurgents. Gouache de Van Blarenberghe. Musée national du château de Versailles.
Phot. Hubert Josse.

La reddition de Yorktown ▷ (détail). 8 400 Anglais de la garnison, faits prisonniers, défilent devant les 13 000 Français et Américains commandés par Washington et Rochambeau. Assiégée en septembre 1781, Yorktown tomba entre les mains des alliés le 19 octobre. Utilisés pour la première fois, les nouveaux canons du modèle Gribeauval prouvèrent leur efficacité. Gouache de Van Blarenberghe. Musée national du château de Versailles.
Archives I. R. L.

anglais. La guerre allait encore durer cinq ans et se dérouler sur de nombreux théâtres d'opérations. L'amiral d'Estaing commanda la première flotte envoyée en Amérique, mais il n'osa pas débarquer à New York et se dirigea vers les Antilles, où il s'empara en 1779 de Saint-Vincent et de Grenade, aidé par les renforts amenés par de Grasse. Cependant, devant les difficultés des insurgents, Louis XVI prit en 1780 la décision d'envoyer en Amérique un corps expéditionnaire de 6 000 hommes commandés par Rochambeau. Grâce à l'aide de ce dernier et de l'amiral de Grasse, les Américains purent bloquer l'armée anglaise de Cornwallis dans Yorktown et la faire capituler en octobre 1781.

Pendant que Rochambeau, d'Estaing et de Grasse aidaient par leurs succès les insurgents américains à obtenir définitivement leur indépendance, un marin remarquable, le bailli de Suffren, était chargé dans la mer des Indes de bloquer les activités commerciales de l'Angleterre. En dépit de grandes difficultés, il put battre à plusieurs reprises la flotte anglaise dirigée par le contre-amiral Hughes et apporter une aide appréciable aux princes hindous, adversaires des Anglais. L'action de Suffren ne fut sans doute pas déterminante dans la guerre de l'Indépendance américaine, mais le bailli fut accueilli triomphalement en France à son retour des Indes.

L'aide apportée par les Français aux Américains permit à Vergennes d'obtenir des avantages lors de la paix de Versailles que l'Angleterre fut contrainte de signer avec les insurgents en septembre 1783 et qui reconnaissait l'indépendance des États-Unis. La France recouvrait quelques territoires perdus en 1763, Tobago et des postes sur la côte du Sénégal ; elle obtenait enfin le droit de fortifier Dunkerque. Ces concessions pouvaient sembler minimes, compte tenu des dépenses considérables qu'avait entraînées pour le budget français la guerre de l'Indépendance américaine, mais Vergennes, grâce aux victoires sur l'Angleterre, avait enfin restauré le prestige du royaume dans le monde.

△ **Le bailli de Suffren.** Les victoires qu'il remporta aux Indes eurent pour effet de convaincre le gouvernement de Londres d'engager des négociations. Les Anglais, malgré leurs réticences, durent traiter simultanément avec les insurgents et les Français. Le traité de Paris reconnaissait définitivement l'indépendance des États-Unis. Peinture de Batoni. Musée national du château de Versailles.
Phot. Lauros-Giraudon.

△ **Publication à Paris, le 25 novembre 1783, de la paix signée entre la France et l'Angleterre, l'Espagne et la Hollande.** Selon le cérémonial traditionnel, le cortège des échevins, prévôt des marchands et lieutenant général de police parcourt la capitale accompagné de hérauts proclamant la bonne nouvelle. Signé en même temps que le traité de Paris, le traité de Versailles redonnait à la France les territoires perdus en 1763. C'était le triomphe de la politique de Vergennes. Peinture d'Anton Van Ysendyck. Musée national du château de Versailles.
Archives I. R. L.

Page suivante : ▷
La double récompense du mérite ou le Retour. Un jeune officier, qui s'est porté volontaire pour accompagner La Fayette et Rochambeau pendant la campagne d'Amérique, reçoit à son retour dans sa patrie la croix de Saint-Louis et la main de sa fiancée. Peinture de Pierre-Alexandre Wille. Musée de Blérancourt.
Archives I. R. L.

1783-1788 L'agonie de l'Ancien Régime

« QUICONQUE N'A PAS CONNU CETTE ÉPOQUE n'a pas connu la douceur de vivre », a écrit Talleyrand des années qui précédèrent la Révolution de 1789. Car, dans cette période où se préparait inexorablement l'explosion révolutionnaire, l'Ancien Régime jetait ses derniers feux. Alors que les signes inquiétants de la décomposition de la monarchie devenaient de plus en plus visibles, un tourbillon de plaisirs emportait les privilégiés avides de nouveautés et d'excentricités. À Versailles, la « coterie » qui entourait la reine poussait celle-ci à de folles dépenses. Les Polignac, la princesse de Lamballe obtenaient pour eux et leurs familles des pensions considérables. La nouvelle passion de Marie-Antoinette était le Petit Trianon, dont la simplicité toute relative lui semblait préférable aux fastes de Versailles. En 1783, dans le parc de cette résidence, elle fit construire par l'architecte Mique un hameau « campagnard » avec ses maisons aux toits de chaume, sa laiterie et son moulin à eau. Dans ce décor rustique, la reine pouvait « jouer à la fermière » avec ses amis, faire paître des moutons enrubannés et boire du lait chaud. Mais cette fantaisie, ainsi que ses escapades incognito à Paris plaisaient peu aux Français qui raillaient cruellement « l'Autrichienne ». Jamais la vie à Paris n'avait été plus brillante. Le faubourg Saint-Germain était devenu pour l'aristocratie le quartier à la mode et ses salons accueillaient les élégants passionnés aussi bien par la vulgarisation des découvertes scientifiques que par les expériences des occultistes et des thaumaturges comme Mesmer ou Cagliostro. Friands de spectacles, les Parisiens s'enfiévraient pour les représentations de la Comédie-Française, de l'Opéra ou des Italiens et la guerre entre les amateurs des opéras de Gluck et ceux du Napolitain Piccinni fit les beaux jours des salons.

La fronde philosophique était toujours à l'honneur. Après la disparition des deux grands esprits du siècle en 1778, Voltaire et Rousseau, une nouvelle génération de penseurs avait pris la relève. Les sociétés « de pensée » n'avaient jamais été aussi nombreuses. Les « clubs » à la mode anglaise répandaient les nouvelles opinions. La franc-maçonnerie, depuis la réunion des loges en Grand Orient de France en 1773, attirait de nombreux adeptes. Libelles, livres clandestins et pamphlets étaient publiés en grand nombre et de nouveaux termes, « patriote », « oppression », « despotisme », fleurissaient dans ces publications qui étaient largement diffusées. Bref, l'agitation fébrile des gens et des idées donnait à la société française un aspect brillant, mais trahissait un déséquilibre inquiétant.

◁ **Colin-maillard.** L'amour de la nature était à la mode depuis que les romans de Rousseau, de Bernardin de Saint-Pierre et de Goethe avaient ouvert la voie à une nouvelle sensibilité. Dans le cadre faussement champêtre du Petit Trianon, la reine et ses amis oubliaient l'étiquette et se livraient à des passe-temps puérils, jeu de balle ou de colin-maillard. Ils s'imaginaient vivre « à la campagnarde » en visitant dans la ferme de Trianon les vaches et les brebis aussi reluisantes que des jouets d'enfant. Peinture attribuée à Hubert Robert. Musée de Picardie, Amiens.
Phot. Lauros-Giraudon.

APRÈS LA GRANDE EUPHORIE DE L'ÉCONOMIE FRANÇAISE avant 1776, les premiers symptômes de la dégradation de celle-ci apparurent à la suite de mauvaises récoltes et de désastreuses conditions atmosphériques qui entretinrent une crise dans la vente des grains et du vin. L'industrie connaissait, elle aussi, des difficultés qui devinrent sérieuses après la signature du traité de 1786 avec l'Angleterre, abaissant les droits de douane. Chômage, faillites favorisaient l'apparition de troubles locaux. Il était évident que la royauté devait prendre des mesures pour réduire les privilèges, seul moyen de rétablir l'équilibre.

Les dépenses de Calonne. Après l'échec de l'expérience tentée par Necker, Louis XVI, sur les conseils de Maurepas, avait nommé contrôleur des Finances l'intendant de Bourgogne, Joly de Fleury. Pour faire face à la situation, ce dernier eut recours à de nouveaux impôts, dont un troisième vingtième en 1782, et à des

La montée des périls

△ **Trait d'humanité de Louis XVI pendant l'hiver 1785.** Pendant les dernières années de l'Ancien Régime, plusieurs calamités naturelles (inondations, gelées, violents orages) et de fort mauvaises récoltes accablèrent les paysans français. Louis XVI, compatissant de nature, tenta d'alléger les misères les plus criantes, mais sa générosité n'était qu'un palliatif, incapable de résoudre en profondeur la crise économique qui résultait de ces catastrophes. Peinture de Philibert Debucourt. Musée national du château de Versailles.
Phot. Lauros-Giraudon.

emprunts. Mais les violentes réactions des courtisans et des parlementaires contraignirent Joly de Fleury à démissionner en mars 1783. Son successeur, Lefèvre d'Ormesson, appartenant à une vieille famille de robe, dut se contenter d'émettre des emprunts, et lorsqu'il voulut s'en prendre aux pensions de la Cour et aux privilèges des fermiers généraux, il dut se retirer après huit mois de fonction.

Une coalition de l'entourage de la reine, menée par les Polignac et le comte d'Artois, parvint à convaincre Louis XVI de faire alors appel à Calonne, qui s'était fait une belle réputation de compétence en tant qu'intendant de Lille. Brillant, séduisant, Calonne était en fait un opportuniste qui plut tout de suite à la Cour en affirmant que, pour rétablir la confiance dans l'État, il fallait donner l'impression d'être riche. Aussi se lança-t-il dans un ambitieux programme de grands travaux. Pour plaire à Marie-Antoinette, il fit acheter par la Couronne le château de Saint-Cloud et celui

△ **Marie-Thérèse-Louise de Savoie-Carignan, princesse de Lamballe.** Née dans une des premières familles de France, cette jeune veuve, aussi vertueuse que belle, fut la première favorite de Marie-Antoinette, qui rétablit pour elle, en 1774, la charge de surintendante de la reine. Plus discrète et moins frivole que l'autre amie de la souveraine, la princesse de Polignac, elle fut cependant tenue pour responsable des dépenses excessives de la Cour et paya de sa vie sa fidélité à Marie-Antoinette, lors des massacres de septembre 1792. Peinture d'Antoine François Callet. Musée national du château de Versailles.
Phot. Lauros-Giraudon.

Calonne. Chargé par ▷ Louis XVI de rétablir les finances, cet habile ministre voulut résoudre les difficultés en donnant l'image de la prospérité : grands travaux, dépenses et prodigalités faites aux grands personnages et financées par des emprunts, purent pendant deux ans rétablir la confiance. Mais l'essor économique qui résulta de ces mesures n'était pas suffisant pour rétablir la situation. Portrait gravé par De Bréa d'après Mme Vigée-Lebrun. B. N., Paris.
Phot. Lauros-Giraudon.

◁ **Le comte d'Artois (futur Charles X).** Le plus jeune frère de Louis XVI menait une vie tumultueuse et participait aux folles escapades de la reine et de ses amis. Une de ses prodigalités les plus célèbres fut le pari qu'il fit avec la reine de construire en moins de deux mois un palais sur le domaine de Bagatelle. La gageure fut réalisée en soixante-quatre jours par l'architecte Bélanger. Peinture de François Hubert Drouais. Musée national du château de Versailles.
Phot. Varga/Artephot.

◁ **Construction de l'hôtel de Salm en 1786 (actuel palais de la Légion d'honneur).** Des bateaux déchargent sur la rive de la Seine les blocs de pierre que des ouvriers vont tailler pour édifier le ravissant palais « à l'antique » destiné au rhingrave de Salm-Kyrkburg. Mais les dépenses engagées dans cette construction furent telles que le prince allemand dut au bout d'un an revendre son hôtel à son architecte. Peinture anonyme. Musée Carnavalet, Paris.
Phot. Jérôme da Cunha - Presses de la Cité.

◁ **Louis XVI visite les travaux du port de Cherbourg, le 23 juin 1786.** Vauban avait commencé à fortifier la ville en 1686, mais c'est à l'instigation de Calonne que la grande digue, longue de 3 700 m, fut construite. Louis XVI manifesta tout au long de son règne un grand intérêt pour les questions touchant à la marine et il alla en personne inaugurer les travaux. Ce fut le seul voyage officiel de son règne. Peinture de Louis-Philippe Crépin. Musée de la Marine, Paris.
Phot. G. Dagli Orti.

de Rambouillet, où l'on installa une ferme expérimentale abritant les premiers moutons mérinos introduits en France. Le réseau des routes fut développé et on mit en chantier les canaux de Bourgogne et du Centre. Bordeaux et Marseille bénéficièrent de nouveaux embellissements, et le port de Cherbourg fut aménagé. Louis XVI lui-même alla inspecter les travaux de construction de la grande digue en 1786, unique occasion qu'eut le souverain de se rendre en province. Calonne, pour contribuer à renforcer l'apparence trompeuse de la prospérité, ne refusa pas aux courtisans et à la reine les pensions qu'ils demandaient et le paiement de leurs dettes. L'euphorie régnait à Versailles où tout devenait prétexte à fête.

Conseillé par des économistes libéraux comme Dupont de Nemours, Calonne favorisa la libre entreprise, ce qui devait permettre à ses yeux de relancer l'économie. Mais, si cette politique profita au grand commerce colonial, elle entretint le marasme industriel. Pour entretenir la confiance, le ministre paya scrupuleusement les rentes venues à échéance et abaissa le taux d'escompte. Il s'acquit la faveur des fermiers généraux en renouvelant avantageusement leur bail et leur accorda en 1785 la permission de construire autour de Paris une enceinte d'octroi, mesure qui exaspéra d'ailleurs les Parisiens qui grognaient : « Le mur murant Paris rend Paris murmurant. » Les prodigalités de Calonne permirent de maintenir un certain temps l'illusion de la prospérité et, de 1783 à 1786, le contrôleur général réussit à emprunter 800 millions. Conformément à ses prévisions, l'argent circulait et l'affairisme était triomphant. Mais, petit à petit, la confiance disparut, les investissements des banquiers diminuèrent et, comme ses prédécesseurs, Calonne dut faire face à l'inquiétude des Français.

À la conquête des airs. Au moment où Calonne devenait contrôleur général des Finances, il n'était question en France que de l'expérience étonnante que venaient de réussir deux industriels d'Annonay, les frères Montgolfier. « Dans tous nos cercles, écrivait-on dans la *Correspondance littéraire,* dans tous nos soupers, aux toilettes

Paul et Virginie : le départ pour la promenade. Le célèbre roman de Bernardin de Saint-Pierre suscita un engouement extraordinaire des Français pour l'exotisme des îles lointaines. Pour encourager le commerce avec les colonies d'outre-mer, Calonne créa une nouvelle Compagnie des Indes orientales, une entreprise qui renforça la prospérité du trafic maritime déjà fort important. Papier peint panoramique composé par Jean Broc. Musée des Arts décoratifs, Paris.
Phot. Lauros-Giraudon.

de nos jolies femmes, comme dans nos lycées académiques, il n'est plus question que d'expérience d'air atmosphérique, de gaz inflammable, de chars volants, de voyages aériens. » En effet, le rêve humain du « plus léger que l'air » venait de se réaliser. Joseph et Étienne Montgolfier, le 4 juin 1783, à l'occasion des états du Vivarais, étaient parvenus à faire s'élever dans les airs une « machine aérostatique », un ballon de soie rempli d'air chauffé par

L'envol en ballon des aéronautes Blanchard et Lespinard, à Lille, le 26 mars 1785. L'aérostat quitte le Champ-de-Mars de la ville sous les yeux des notables et des badauds. Peinture par Louis-Joseph Watteau, dit « Watteau de Lille ». Musée des Beaux-Arts, Lille.
Phot. Jérôme da Cunha - Presses de la Cité.

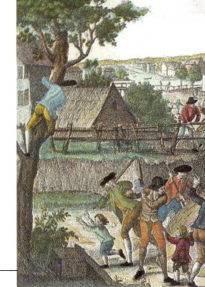

△ **Expérience faite au Champ-de-Mars, le 27 août 1783, par le physicien Charles.** La pluie qui tombait à verse n'empêcha pas une foule nombreuse de se presser au Champ-de-Mars pour assister au départ du ballon de 4 m de diamètre en taffetas enduit de gomme élastique et gonflé à l'hydrogène. À 17 heures, le globe s'éleva dans les airs, salué par les applaudissements du public. Gravure. B. N., Paris.
Phot. Hubert Josse.

146, 1783-1788 L'AGONIE DE L'ANCIEN RÉGIME.

un feu de paille et de laine. Ils répétèrent leur expérience en septembre à Versailles, devant le roi et la reine, en envoyant un aérostat lesté d'une nacelle contenant un mouton, un canard et un coq. Entre-temps, en août, le physicien Charles avait lancé du Champ-de-Mars un ballon gonflé à l'hydrogène devant plus de 6 000 spectateurs. Après trois quarts d'heure de course, le globe tomba près de Gonesse, provoquant l'émoi des paysans, qui le prirent pour un animal monstrueux et l'attaquèrent à coups de fourches et de pierres.

Mais il restait encore à réaliser le vieux rêve d'Icare, permettre à un homme de s'élever dans l'air. C'est ce qu'allait réaliser un jeune homme aventureux, François Pilâtre de Rozier. Le 21 novembre, en compagnie d'un officier, le marquis d'Arlandes, il prit place dans une montgolfière couleur d'azur et rehaussée d'ornements d'or, qui s'éleva du château de la Muette en présence de la Cour et, après 25 minutes de vol, se posa sur le pré de la Butte-aux-Cailles. Pour la première fois, des hommes avaient volé dans le ciel et l'expérience de Pilâtre de Rozier suscita immédiatement de nouveaux exploits. Le rival du jeune aérostier, Charles, dans son ballon à hydrogène, gagna la Picardie, battant les records de temps et d'altitude. En 1785, Blanchard traversa la Manche de Douvres à Calais. L'enthousiasme des Français était à son comble. Les Montgolfier furent anoblis par

◁ **Chute du ballon de Charles à Gonesse le 27 août 1783.** Le vol de l'aérostat de Charles dura trois quarts d'heure, puis le ballon acheva sa course à Gonesse. Deux moines ayant assuré qu'il s'agissait d'un monstre diabolique, les habitants du village l'assaillirent, puis l'attachèrent à la queue d'un cheval et le traînèrent à travers champs. Les Parisiens, loin de partager la frayeur des paysans de Gonesse, s'enthousiasmèrent pour l'expérience de Charles. Musée Carnavalet, Paris.
Phot. J. L. Charmet.

Invention nouvelle pour ▷ **descendre du haut d'un édifice sans le secours d'un escalier.** Les exploits des Montgolfier, de Charles, de Blanchard et de Pilâtre de Rozier engendrèrent un immense engouement pour les machines volantes, qui réalisaient un des plus vieux rêves de l'humanité. De multiples projets plus extravagants les uns que les autres s'inspirèrent du principe de la montgolfière pour permettre à l'homme de voler dans les airs. B. N., Paris.
Archives I. R. L.

le roi et Pilâtre de Rozier reçut une pension de 1 000 livres. La mode s'en mêla immédiatement : estampes, tabatières, pendules et colifichets furent décorés de montgolfières. Mais le premier navigateur de l'espace devait en être la première victime : en 1785, Pilâtre, qui voulait traverser la Manche, s'écrasait sur la côte du Boulonnais.

L'expédition de La Pérouse. Si la France avait été une pionnière dans la conquête des airs, elle entendait aussi rivaliser avec sa principale concurrente, l'Angleterre, dans la découverte des mondes inconnus. Pendant tout le XVIIIe siècle, de nombreuses expéditions à but scientifique avaient été réalisées, essentiellement dans le Pacifique. De 1768 à 1779, l'Anglais James Cook, le premier des grands navigateurs modernes, avait, par trois expéditions successives, permis de conjecturer l'existence d'un continent austral beaucoup moins vaste qu'on ne le croyait. Louis XVI, qui était passionné par la géographie, avait lu avec intérêt les relations

des voyages de Cook et rêvait d'égaler les prouesses de l'Angleterre sur les mers. Aidés du ministre de la Marine, le maréchal de Castries, et du directeur des arsenaux, le commandant Claret de Fleurieu, il prépara avec minutie une expédition destinée à compléter les travaux de Cook. On fit appel, pour commander ce voyage, à un capitaine de vaisseau qui avait vaillamment participé aux campagnes navales de la France, l'Albigeois La Pérouse.

Le 1ᵉʳ août 1785, deux frégates, l'*Astrolabe* et la *Boussole,* appareillaient de Brest. Remarquablement équipés, les bateaux emmenaient des équipages d'élite commandés par La Pérouse et Fleuriot de Langle. Des savants, choisis par Condorcet, des botanistes, des astronomes, des médecins, des hydrographes et des peintres étaient du voyage. Les explorateurs étaient munis d'instructions précises auxquelles Louis XVI avait personnellement veillé, notant de façon détaillée les travaux à effectuer et recommandant la douceur à l'égard des « sauvages ». Le souverain précisait qu'il « regarderait comme un des succès les plus heureux de l'expédition qu'elle pût être terminée sans qu'il eût coûté la vie à un seul homme ». En avril 1786, les explorateurs abordèrent à l'île de Pâques, puis reconnurent les côtes de l'Amérique du Nord jusqu'à l'Alaska. En septembre, une nouvelle traversée partit de Californie pour gagner Macao et les Philippines, puis les navires atteignirent la Corée et le Japon. Tout au long de l'expédition, d'importants travaux scientifiques furent réalisés, observations ethnographiques illustrées par des dessins, herborisations des naturalistes et cartographie

◁ **Louis XVI donne des instructions à La Pérouse pour son voyage autour du monde.** Derrière le roi, se tient le ministre de la Marine, le maréchal de Castries. Peinture de Nicolas-André Monsiau. Musée des Arts africains et océaniens, Paris.
Archives I. R. L.

Massacre de MM. de ▷ Langle, Lamanon et de dix autres individus des deux équipages, à l'archipel des Navigateurs (îles Samoa). De nombreux incidents émaillèrent l'expédition de La Pérouse avant sa disparition en 1788. Les rapports scientifiques et cartographiques qui étaient régulièrement adressés au ministère de la Marine donnèrent de précieux renseignements complétant les journaux de voyage de Cook. Gravure de F. N. Duquevauviller, d'après un dessin de N. Ozanne. Coll. part.
Phot. L. L.

◁ **Insulaires et monuments de l'île de Pâques avec les membres de l'expédition de La Pérouse.** Cette île du Pacifique, célèbre pour ses étonnantes statues géantes, avait été découverte en 1722 par l'amiral hollandais Roggeveen. En avril 1786, la *Boussole* et l'*Astrolabe* de l'expédition de La Pérouse y firent escale avant de repartir vers le nord. Gravure de Godefroy, d'après un dessin de Duché de Vancy exécuté d'après nature le 9 avril 1786. Coll. part.
Phot. L. L.

des régions traversées. En août 1787, La Pérouse franchit le détroit entre les îles Sakhaline et Hokkaidō et parvint jusqu'au Kamtchatka. En octobre, il repartit vers le sud. Dans l'archipel de Samoa, son collaborateur, Fleuriot de Langle, et dix de ses hommes furent massacrés par les indigènes. En février 1788, de Botany Bay, La Pérouse annonça qu'il se proposait de se diriger vers la Nouvelle-Calédonie et la Nouvelle-Guinée. Puis la trace des explorateurs se perdit. L'opinion publique fut vivement touchée par la disparition mystérieuse des navigateurs, et une expédition, commandée par d'Entrecasteaux, tenta vainement en 1791-1792 de les retrouver. Il fallut en fait attendre 1826 pour qu'un Anglais, Peter Dillon, découvrît par hasard dans les îles Vanikoro les traces du naufrage de La Pérouse. L'épave de la *Boussole* fut retrouvée en 1964.

Le Mariage de Figaro. Pendant le ministère de Calonne, deux affaires de nature différente contribuèrent à discréditer le prestige de la monarchie. La première fut un événement à la fois littéraire et mondain, la représentation tellement attendue du *Mariage de Figaro* de Beaumarchais. Cet écrivain, qui avait obtenu un grand succès avec le *Barbier de Séville,* en avait écrit la suite dans une nouvelle pièce dont des extraits circulaient dans les salons parisiens, mais que la censure, avec perspicacité, jugeait séditieuse. Louis XVI estimait le *Mariage de Figaro* « détestable et injouable », et le garde des Sceaux, Miromesnil, avait reçu l'ordre d'interdire la représentation et l'impression de cette œuvre subversive.

Mais Beaumarchais était un homme de ressources qui n'avait nullement l'intention de s'incliner devant l'interdiction des censeurs. Il avait de nombreux appuis à la Cour, les Polignac, le marquis de Vaudreuil, le comte d'Artois et, au-delà d'eux, la reine. En 1783, en secret, une représentation du *Mariage de Figaro* fut prévue à Versailles, mais, une heure avant le lever du rideau, Louis XVI fit interdire le spectacle. La « coterie » de la reine ne s'avoua pas vaincue, et la pièce fut jouée sur un théâtre privé, chez M. de Vaudreuil. Le roi était trop faible pour résister aux désirs de Marie-Antoinette et de son entourage et dut enfin céder. Le 27 avril 1784, la première représentation publique du *Mariage de Figaro* eut lieu à la Comédie-Française. Le roi avait compté sur un échec, mais l'affluence des spectateurs fut telle que les portes du théâtre furent enfoncées. Ce fut un succès sans précédent, et toute l'aristocratie fit un triomphe au monologue de Figaro : « Parce que vous êtes un grand seigneur, vous vous croyez un grand génie... Qu'avez-vous fait pour tant de biens ? Vous vous êtes donné la peine de naître. Du reste, homme assez ordinaire. » La vieille société applaudissait ce discours incendiaire dans lequel les esprits clairvoyants pouvaient voir les signes avant-coureurs de la Révolution.

△ **Beaumarchais.** Ce fils d'horloger mena une existence aventureuse, tour à tour écrivain, professeur de harpe des filles de Louis XV et marchand d'armes au bénéfice des insurgents américains. Son *Mariage de Figaro*, représenté malgré la censure, obtint un succès éclatant de la part de ceux-là même que la pièce fustigeait. Par la bouche de Figaro, féroce dénonciateur des abus de l'époque, Beaumarchais dressait un réquisitoire impitoyable contre l'Ancien Régime. Peinture de Jean-Marc Nattier. Comédie-Française, Paris.
Phot. J. L. Charmet.

Marie-Antoinette en 1783. ▷
C'est une femme épanouie par la maternité que la célèbre portraitiste de la Cour a représentée dans l'éclat de sa trentaine proche. La naissance de ses quatre enfants, entre 1778 et 1786, donna un peu de sagesse à l'insouciante « tête à vent ». Lorsqu'elle mit le Dauphin au monde, en 1781, elle eut encore plus d'autorité sur son faible époux. Puissante, mais de plus en plus détestée par les Français, elle fut incapable de s'arracher au monde artificiel et frivole qu'elle avait créé à Versailles. L'affaire du Collier allait déclencher contre elle les calomnies les plus haineuses. Peinture de Mme Vigée-Lebrun. Musée national du château de Versailles.
Phot. Lauros-Giraudon.

Le collier de la reine. Encore plus grave pour la monarchie fut le scandale judiciaire connu sous le nom de l'affaire du Collier et qui toucha à la fois l'Église et la reine. La première victime de cette histoire rocambolesque fut le cardinal de Rohan, grand aumônier de France, auquel son incompétence et ses maladresses avaient valu d'être en disgrâce auprès de la reine. Rohan n'avait qu'un seul objectif, retrouver la faveur de cette dernière, et rêvait même de devenir Premier ministre. Son incroyable naïveté allait en faire le jouet d'aventuriers astucieux qui montèrent une escroquerie diabolique destinée à faire leur fortune. L'âme de cette affaire fut une intrigante, la comtesse de La Motte, descendante d'un bâtard d'Henri II. Aidé de son mari et du fameux mage Cagliostro, elle parvint à persuader le cardinal de Rohan qu'elle était capable de le réconcilier avec Marie-Antoinette. Pour accréditer ses dires, elle lui ménagea une entrevue nocturne avec la reine dans le bosquet de Vénus à Versailles. Dans l'obscurité, Rohan fut persuadé d'avoir rencontré la souveraine, alors qu'il s'agissait en fait d'une comparse, Mlle d'Oliva, que sa vague ressemblance avec Marie-Antoinette avait fait choisir par Jeanne de La Motte.

Rohan était désormais sûr d'avoir retrouvé la faveur royale. Pour consolider sa rentrée en grâce, Mme de La Motte lui demanda de servir d'intermédiaire pour l'achat d'un collier de diamants de 1 600 000 livres que, d'après elle, désirait la reine. Le cardinal, sur la foi d'un billet prétendument signé par Marie-Antoinette, acheta à crédit le bijou aux deux joailliers de la Cour, Bassenge et Boehmer, et le remit sans méfiance à un officier de la reine, en réalité un complice de Mme de La Motte qui s'empressa de dessertir les joyaux et de les vendre à des bijoutiers de Londres. Mais, lorsqu'il s'agit de payer la première traite, le cardinal ne put faire face à l'échéance et, fort inquiets, les joailliers s'adressèrent directement à la reine. Toute l'affaire fut alors découverte et, le 15 août 1785, alors que le cardinal de Rohan s'apprêtait à célébrer l'office de l'Assomption devant toute la Cour, il fut arrêté sur l'ordre du roi et embastillé. Quelques jours plus tard, la comtesse de La Motte était elle aussi incarcérée.

Le scandale fut considérable et la plupart des aristocrates, par esprit de corps, prirent le parti de Rohan, dont ils firent une victime de la reine. Le parlement, chargé d'instruire le procès du cardinal, prononça son acquittement en mai 1786. L'opinion publique se déchaîna contre Marie-Antoinette, rendue responsable de l'escroquerie et, bien qu'elle fût totalement innocente dans la machination ourdie par les de La Motte, elle fut insultée par des libelles infamants, qui lui reprochèrent son train de vie, son gaspillage, lui imputant débauches et crimes imaginaires. La monarchie ne devait pas se relever du discrédit jeté sur elle par l'affaire du Collier et rendu possible par la frivolité de la reine.

△ **Joseph Balsamo, dit le comte de Cagliostro.** Alchimiste, astrologue et guérisseur, ce fils d'un libraire de Palerme prétendait, comme son maître le charlatan Saint-Germain, être âgé de plusieurs siècles. Installé à Paris dans l'hôtel de Rohan, il obtint un succès éclatant avant d'être impliqué dans l'affaire du Collier et d'être expulsé de France. Peinture de Le Gay. Musée national du château de Versailles.
Phot. Lauros-Giraudon.

◁ **Fac-similé du collier de la reine monté par Boehmer et Bassenge.** Les joailliers avaient exécuté cette parure de diamants en espérant la vendre à Mme du Barry, puis à Marie-Antoinette. L'ingénieuse Mme de La Motte sut convaincre le cardinal de Rohan d'acheter secrètement le collier. Malgré l'énormité de la somme demandée, le cardinal conclut l'opération, espérant ainsi retrouver la faveur de la reine. Musée national du château de Versailles.
Phot. Réunion des musées nationaux.

△ **Le cardinal de Rohan.** L'incroyable escroquerie montée par les de La Motte n'aurait pu réussir sans la crédulité excessive du grand aumônier de France. Facilement trompé par les habiles manigances des escrocs, le cardinal connut l'humiliation d'être arrêté devant toute la Cour. Après son acquittement, il fut forcé par Louis XVI de se démettre de ses charges. Gravure de Chapuis, d'après Brion. B. N., Paris.
Phot. Tallandier.

△ **Séance d'ouverture de l'assemblée des notables réunis à Versailles le 22 février 1787 sous la présidence de Louis XVI.** Le dessein de Calonne de résoudre les difficultés financières par l'essor économique ne put arriver à combler le déficit du budget, et le ministre dut, comme ses prédécesseurs, envisager des réformes. Pour éviter de les soumettre au parlement, il eut la naïveté de s'en remettre à la générosité des notables désignés par le roi. Mais il avait oublié que ces privilégiés n'avaient aucunement l'intention de modifier une situation dont ils tiraient tant d'avantages. L'assemblée tourna vite à la confusion. Dessin de Jean-Michel Moreau le Jeune. Musée national du château de Versailles.
Phot. Réunion des musées nationaux.

L'assemblée des notables. En 1786, Calonne, après avoir fait illusion pendant près de trois ans, se trouvait acculé. Le Trésor était vide, on ne trouvait plus à emprunter et la banqueroute menaçait. Devant ces difficultés insurmontables, le contrôleur des Finances se décida à reprendre la politique de ses prédécesseurs. Le 20 août 1786, il présenta au roi un mémoire intitulé *Précis d'un plan d'amélioration des finances*, dans lequel il avouait un déficit de 100 millions et proposait un programme hardi de réformes : il projetait de remplacer les impôts par une subvention territoriale payable par tous ; il modifiait les taux de la gabelle, abolissait la corvée des routes et les douanes intérieures, réduisait la taille ; la libre circulation des grains était rétablie et des assemblées provinciales devaient être créées. « C'est du Necker tout pur que vous me donnez là ! », s'exclama Louis XVI à la lecture de ce mémoire. « Sire, répliqua Calonne, dans l'état des choses présent, on ne peut rien offrir de mieux ! » En fait, son projet tenait autant des thèses de Turgot que de celles de Necker.

Sachant que ce projet se heurterait inévitablement à l'opposition du parlement, Calonne persuada Louis XVI de convoquer une assemblée de notables qu'il désignerait. La dernière assemblée de cette nature remontait à 1626. Le 22 février 1787, aux Menus-Plaisirs de Versailles, se réunirent 144 hauts personnages, princes, ducs, prélats, maires des grandes villes et députés des pays d'états, auxquels Calonne présenta ses édits fiscaux. Mais l'assemblée de privilégiés, menée par les princes et par sept archevêques, dont celui de Toulouse, Loménie de Brienne, accumula les objections et s'avisa de réclamer des comptes au contrôleur général des Finances. Pour réduire à néant leurs objections, ce dernier fit alors appel à l'opinion en publiant les mémoires remis aux notables. Peine perdue, car les Français étaient persuadés que le seul but de Calonne était d'alourdir leurs impôts. Louis XVI, qui, jusqu'au bout, avait soutenu son ministre, fut obligé de le renvoyer le 8 avril 1787.

Loménie de Brienne. Pour répondre aux désirs de Marie-Antoinette, le roi fit alors appel à l'adversaire de Calonne, l'archevêque Loménie de Brienne, qui prit le titre de chef du Conseil royal des finances. Ce prélat se trouva affronté aux mêmes problèmes que son prédécesseur et ne put présenter aux notables que le plan de Calonne modifié sur certains points, en proposant un impôt territorial de 80 millions, l'augmentation de l'impôt du timbre et la création d'assemblées territoriales. Mais les notables s'opposant une nouvelle fois à tout nouvel impôt, Louis XVI prononça la dissolution de l'assemblée le 25 mai.

Brienne fut alors obligé de demander au parlement de Paris d'enregistrer ses édits. Les magistrats ne manifestèrent aucune difficulté à enregistrer les réformes non onéreuses, mais ils refusèrent les édits fiscaux sur la subvention territoriale et le timbre. Dans ses *Remontrances* de juillet 1787, le parlement déclarait que « la nation, représentée par les états généraux, est seule en droit d'octroyer au roi des subsides dont le besoin serait évidemment démontré ». Il espérait ainsi mettre fin à la monarchie absolue et prévoyait que les états généraux donneraient à la noblesse le pouvoir politique. C'était retomber dans une situation qui était devenue banale au XVIIIe siècle : Brienne dut faire appel à un

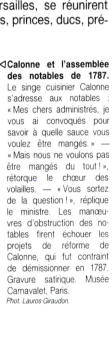

◁**Calonne et l'assemblée des notables de 1787.**
Le singe cuisinier Calonne s'adresse aux notables : « Mes chers administrés, je vous ai convoqués pour savoir à quelle sauce vous voulez être mangés. » — « Mais nous ne voulons pas être mangés du tout ! », rétorque le chœur des volailles. — « Vous sortez de la question ! », réplique le ministre. Les manœuvres d'obstruction des notables firent échouer les projets de réforme de Calonne, qui fut contraint de démissionner en 1787. Gravure satirique. Musée Carnavalet, Paris.
Phot. Lauros-Giraudon.

◁**L'exil du parlement à Troyes en août 1787.**
Le successeur de Calonne, Loménie de Brienne, après avoir été un des chefs de l'opposition des notables, se trouva confronté aux mêmes problèmes que son prédécesseur lorsqu'il voulut prendre des mesures fiscales. Il entra en conflit avec le parlement de Paris et, une nouvelle fois, l'épreuve de force opposa les magistrats à l'autorité royale. B. N., Paris.
Phot. Tallandier.

1783-1788 L'AGONIE DE L'ANCIEN RÉGIME

lit de justice, qui, le 6 août, à Versailles, contraignit les parlementaires à enregistrer les édits. Immédiatement après, selon leur habitude, les magistrats déclarèrent nul cet enregistrement forcé. Le 15 août, le roi, par lettre de cachet, exila les magistrats à Troyes. Mais l'opinion publique, la rue, les clubs, les salons commencèrent à s'agiter en faveur des exilés en réclamant la réunion des états généraux. Brienne fut obligé de céder : il abandonna le projet de subvention territoriale et, après négociations, les parlementaires revinrent en septembre à Paris, acclamés par la foule aux cris de : « Vivent les pères du peuple ! Point d'impôts ! »

Le « coup d'État » de Lamoignon.

Ainsi Brienne avait-il été contraint de sacrifier ses édits financiers et n'avait-il obtenu que la prorogation des deux vingtièmes. Mais il était obligé de recourir à l'emprunt pour faire face à la crise financière. Pour se faire accorder l'enregistrement de l'édit prévoyant un emprunt de 420 millions de livres sur cinq ans, il promit de convoquer les états généraux en 1792. Mais, lors de la séance royale du 19 novembre, au cours de laquelle devait être acceptée cette mesure, les magistrats réclamèrent cette réunion des états généraux pour 1789. Le roi exigea alors l'enregistrement d'office. Le duc d'Orléans protesta que c'était illé-

△ **Louis XVI.** Devant la fronde parlementaire et nobiliaire, Louis XVI devait céder ou sévir. Mais le souverain était trop velléitaire pour s'en tenir à une ligne de conduite ferme. Il continuait certes à être aimé de ses sujets, mais les protestations étaient de plus en plus véhémentes contre l'absolutisme royal, et les opposants réclamaient la réunion des états généraux. Peinture d'A. F. Callet. Musée national du château de Versailles.
Phot. Giraudon.

gal. « C'est légal, riposta Louis XVI, parce que je le veux. » Le lendemain, le duc d'Orléans était exilé. Désormais, le pouvoir royal avait contre lui une coalition constituée de l'aristocratie et de la noblesse de robe.

Cependant, Loménie de Brienne poursuivait d'autres réformes, tout d'abord dans le domaine militaire. En octobre, il institua le Conseil de la guerre, dont le but était « d'améliorer la constitution militaire et soulager les finances ». Le général de Guibert, nommé rapporteur de ce Conseil et grand admirateur de l'école prussienne, prévoyait une réforme profonde de l'armée et des théories stratégiques. D'autre part, répondant aux souhaits de nombreux parlementaires et hommes politiques, Brienne réalisa enfin le projet de reconnaissance des protestants auxquels l'édit enregistré le 29 janvier 1788 accorda l'état civil, ce qui ne leur donnait pas encore la liberté des cultes ni l'accès aux charges publiques.

Jusqu'en avril 1788, l'orage couva entre les parlementaires et l'autorité royale. Les hostilités reprirent le 3 mai : sur proposition de d'Éprémesnil et de Monsabert, les parlementaires votèrent un arrêt accusant le ministre de vouloir « anéantir les lois et les magistrats » et rappelant la nécessité du vote « de subsides par les états généraux régulièrement composés et convoqués ». Le roi ordonna d'arrêter Monsabert et d'Éprémesnil, mais ces derniers parvinrent à s'enfuir et les autres parlementaires, au cours d'une longue séance de trente heures, refusèrent de désigner leurs collègues au marquis d'Agoust, capitaine des gardes-françaises. Les deux magistrats se livrèrent enfin le 6 mai et furent incarcérés.

◁ **Séance extraordinaire tenue par Louis XVI le 19 novembre 1787.** Cette séance royale avait pour but de faire accepter l'emprunt de 420 millions demandé par Loménie de Brienne. La maladresse du roi, qui réclama l'enregistrement d'office des édits, provoqua l'indignation de l'assistance. On voit sur la gravure le duc d'Orléans se lever de son siège pour apostropher son cousin le roi. B. N., Paris.
Phot. Tallandier.

△ **Philippe, duc d'Orléans (Philippe Égalité).** Jouisseur et débauché, le duc d'Orléans joua très jeune un rôle politique et prit la tête de la fronde parlementaire. Son coup d'éclat lors de la séance royale de novembre 1787 lui valut d'être exilé à Villers-Cotterêts. Peinture d'Antoine-François Callet. Musée national du château de Versailles.
Phot. Hubert Josse.

△ **La journée des Tuiles à Grenoble le 7 juin 1788.** Du haut des toits, les Grenoblois lancent des tuiles sur les soldats après l'exil du parlement de la ville sur ordre du commandant du Dauphiné, Clermont-Tonnerre. Ce dernier dut céder et les parlementaires firent un retour triomphal. Peinture d'Alexandre Debelle. Collection musée de Grenoble, en dépôt au Musée dauphinois. *Phot. Musée Dauphinois.*

Le 8 mai, en lit de justice à Versailles, le roi imposa alors aux parlementaires une véritable réforme judiciaire inspirée par le garde des Sceaux, Lamoignon. Ce dernier donna lecture de six édits supprimant les juridictions d'exception, abolissant la « question préalable » pratiquée sur les condamnés avant leur exécution, dépouillant les parlements du droit d'enregistrement qui était désormais dévolu à une cour plénière et créant 47 grands baillages qui reprenaient une partie des attributions judiciaires des parlementaires. C'était un véritable « coup d'État » destiné à réduire à l'impuissance les cours souveraines.

Le rappel de Necker. L'agitation redoubla alors de violence. Lamoignon et Brienne avaient cru pouvoir réussir une nouvelle réforme de Maupeou, mais ils n'étaient parvenus qu'à faire l'unanimité contre eux. Les magistrats, appuyés aussi bien par les privilégiés que par ceux qui réclamaient les états généraux, entraînèrent à leur suite tout le personnel judiciaire et la noblesse. Des émeutes éclatèrent dans de nombreuses villes de France. À Paris, Lamoignon fut brûlé en effigie place de Grève. À Rennes, des étudiants assaillirent les troupes. Les événements les plus graves eurent lieu à Grenoble : le parlement de la ville ayant été exilé par le roi, la foule se souleva et mit à sac l'hôtel du commandant en chef Clermont-Tonnerre. Après cette « journée des Tuiles », les délégués des trois ordres du Dauphiné se réunirent au château de Vizille. Ils réclamèrent le rétablissement des états du Dauphiné, la convocation immédiate des états généraux et l'abolition des privilèges fiscaux de la noblesse et du clergé.

Pendant cet été 1788, la France se trouvait déjà dans une situation révolutionnaire. Le roi n'avait plus la possibilité de rétablir l'ordre, et Brienne dut capituler devant la fronde parlementaire : un arrêt du Conseil du 8 août convoqua les états généraux pour le 1er mai 1789. Une semaine plus tard, les paiements de l'État étaient suspendus. C'était la fin du ministère de

Incendie du corps de garde sur le Pont-Neuf, le 29 août 1788. Des incidents violents opposèrent le peuple parisien et la police sur le Pont-Neuf et la place de Grève. B. N., Paris. *Phot. Bulloz.*

158. 1783-1788 L'AGONIE DE L'ANCIEN RÉGIME.

Loménie de Brienne, qui fut disgracié le 24 août. Pour répondre à l'attente générale, Louis XVI fit alors appel à Necker qui, dans cette situation de crise, apparut comme un sauveur et se fit fort de rétablir la situation. Necker obtint le renvoi de Lamoignon, le 14 septembre, et poussa le roi à rappeler les parlements, qui furent rétablis dans leurs prérogatives le 23 septembre. L'attention de tous était désormais tournée vers la prochaine réunion des états généraux, mais, alors que le roi était persuadé que leur rôle se limiterait à une réforme des finances, les parlementaires et les privilégiés pensaient obtenir une part active dans le gouvernement et la partie la plus déterminée de la bourgeoisie espérait l'abolition des privilèges et l'élaboration d'une constitution libérale.

Les derniers mois de l'année 1788 furent occupés par des discussions passionnées. La noblesse voulait que les états généraux fussent organisés selon le précédent de 1614, chaque ordre disposant d'une voix et votant séparément, ce qui donnait la majorité à la noblesse et au clergé. Mais les bourgeois, ou « patriotes », exigeaient le doublement du tiers état, qui représentait 98 p. 100 de la nation, la réunion des trois ordres dans une même salle et le vote par tête. Pour résoudre cette question fondamentale, Necker convoqua de nouveau, en novembre, l'assemblée des notables qui, à la majorité, maintinrent le système de 1614. Mais l'effervescence des esprits, alimentée par d'innombrables pamphlets, dont le plus célèbre fut celui de l'abbé Sieyès, *Qu'est-ce que le tiers état ?*, contraignit le roi à admettre en décembre le doublement du tiers. Aucune précision n'était donnée sur le mode de vote par ordre ou par tête. Cependant, la bourgeoisie était maintenant persuadée de triompher aux états généraux, que les Français préparèrent avec fièvre pendant l'hiver 1788-1789. C'était en fait l'Ancien Régime qui était en train de s'effondrer, une chute que la faiblesse de la monarchie, à la fin du XVIIIe siècle, avait rendue inévitable.

◁ **Joie publique pour le rappel du parlement en septembre 1788.** Devant les troubles, Louis XVI céda et rappela les parlements. B. N., Paris. *Phot. Tallandier.*

Joseph-François Foulon. ▷ Les privilégiés pensaient que les états généraux leur permettraient de satisfaire leurs exigences. En fait, ils devaient en être les premières victimes, tel Foulon, successeur de Necker le 12 juillet 1789 et massacré par la foule le 22 juillet. Peinture anonyme. Musée national du château de Versailles. *Phot. Lauros-Giraudon.*

◁ **Le rappel de Necker.** Son retour fut salué avec joie et on attendait de lui des miracles. Il allait en fait permettre à l'Ancien Régime de survivre encore quelques mois. Gravure populaire, B. N., Paris. *Phot. Lauros-Giraudon.*

Page suivante :
Le violoneux. Avant d'en- ▷ tamer sa chanson, le chanteur désigne sur une toile le sujet de sa complainte : une mère arrachant son enfant à un loup vorace. Peinture de Louis-Joseph Watteau, dit « Watteau de Lille ». Musée des Beaux-Arts, Lille. *Phot. Lauros-Giraudon.*

160, 1783-1788 L'AGONIE DE L'ANCIEN RÉGIME.

Chronologie

1716

14 mars. Création de la Chambre ardente.

2 mai. Fondation par Law de la Banque générale.

9 octobre. Traité de Hanovre avec l'Angleterre.

1717

11 janvier. Triple-Alliance de La Haye.

mai. Visite du tsar Pierre le Grand à Paris.

6 septembre. Création par Law de la Compagnie d'Occident et du Mississippi.

1718

2 août. Quadruple-Alliance.

26 août. Lit de justice marqué par l'opposition parlementaire aux projets de Law.

24 septembre. Fin de la polysynodie.

décembre. Découverte du complot de Cellamare.

4 décembre. Transformation de la Banque générale de Law en Banque royale.

1719

janvier. Début de la guerre entre la France et l'Espagne.

15 avril. Mort de Mme de Maintenon.

mai. Création par Law de la Compagnie des Indes orientales et de la Chine.

1720

5 janvier. Law est nommé contrôleur général des Finances.

22 mars. Fermeture de la Bourse de la rue Quincampoix.

avril. Début de la peste à Marseille.

juin-juillet. Panique boursière à Paris.

4 décembre. Déclaration royale imposant la bulle *Unigenitus*.

12 décembre. Fuite de Law à l'étranger.

1721

6 janvier. Arrestation de Cartouche.

27 mars. Pacte d'alliance entre les Bourbons d'Espagne et la France.

8 mai. Arrivée de l'ambassadeur turc Mehmet Effendi à Paris.

25 juin. Dubois nommé cardinal.

Montesquieu publie les *Lettres persanes*.

1722

mars. Arrivée à Paris de l'infante Marie-Anne Victoire destinée en mariage à Louis XV.

22 août. Dubois, Premier ministre du Régent.

25 octobre. Sacre de Louis XV à Reims.

1723

16 février. Majorité de Louis XV.

10 août. Mort de Dubois.

2 décembre. Mort de Philippe d'Orléans.

2 décembre. Début du ministère du duc de Bourbon.

1724

14 mai. Déclaration contre les protestants.

18 juillet. Ordonnance sur la mendicité.
Fondation de la Bourse de Paris.

1725

5 juin. Établissement de l'impôt du cinquantième.

5 septembre. Mariage de Louis XV avec Marie Leszczynska.

1726

11 juin. Disgrâce du duc de Bourbon.

15 juin. Fleury, Premier ministre.

19 août. Rétablissement de la Ferme générale.

1727

mai. Début de l'affaire des convulsionnaires de Saint-Médard.

1730

24 mars. Déclaration érigeant la bulle *Unigenitus* en loi du royaume.

1731

Dispersion du club de l'Entresol.
Dupleix, gouverneur de Chandernagor.

1732

29 janvier. Fermeture du cimetière de Saint-Médard.

août. Crise parlementaire.

1733

26 septembre. Traité franco-piémontais de Turin.

17 novembre. Établissement de l'impôt sur le dixième.

1734

1er avril. L'Empereur déclare la guerre à la France.

18 juillet. Siège et prise de Philippsbourg.
Voltaire publie les *Lettres anglaises*.

1735

5 octobre. Préliminaires secrets franco-autrichiens.

1736

13 avril. Convention franco-autrichienne.

28 août. Règlement de la question de Lorraine.

1738

Ordonnance régularisant la corvée royale.

18 novembre. Quatrième traité de Vienne.

1739

26 août. Mariage de la fille aînée de Louis XV, Élisabeth, avec l'infant Philippe d'Espagne, duc de Parme.

1740

19 octobre. Mort de l'empereur Charles VI. Crise de la succession d'Autriche.

1741

novembre. Invasion de la Bohême par les Français.

25 novembre. Prise de Prague par les Français.

1742

Dupleix gouverneur général en Inde.

26 décembre. Retraite de Prague.

1743

29 janvier. Mort de Fleury.

27 juin. Bataille de Dettingen.

1744

15 mars. Louis XV déclare la guerre à l'Angleterre et à l'Autriche.

juillet-août. Insurrection à Lyon.

août. Maladie du roi à Metz.

1745

Début de la faveur de Mme de Pompadour.

11 mai. Bataille de Fontenoy.

Convention d'Aranjuez entre Louis XV, l'Espagne et Gênes.

1746

21 février. Prise de Bruxelles par les Français.

21 mars. Traité franco-saxon.

21 septembre. Prise de Madras par La Bourdonnais.

11 octobre. Bataille de Raucoux.

1747

Fondation de l'École des ponts et chaussées par Trudaine.

17 avril. Début de la guerre franco-hollandaise.

2 juillet. Bataille de Lawfeld.

16 septembre. Prise de Bergen op Zoom par les Français.

1748

28 octobre. Traité d'Aix-la-Chapelle.

1749

30 avril. Disgrâce de Maurepas.

mai. Édits imposant l'impôt du vingtième à toute la nation et établissant le contrôle royal sur les biens du clergé.

septembre. Dupleix obtient des princes hindous des cessions territoriales.

1749

Lutte de Machault contre les privilégiés.

février. Dissolution des états du Languedoc.

janvier-mai. Émeutes à Paris et tentative de marche sur Versailles.

mai. Assemblée du clergé.

25 novembre. Édit conférant la noblesse héréditaire aux officiers.

1751

janvier. Création de l'École militaire.

Accord provisoire franco-anglais sur l'Acadie.

24 mars. Déclaration sur la réforme de l'Hôpital général.

1er juillet. Parution du premier volume de l'*Encyclopédie*, financée par près de 5 000 souscripteurs.

23 décembre. Édit suspendant l'application du vingtième au clergé.

1752

7 février. Première condamnation de l'*Encyclopédie*.

mars. Début de l'affaire des billets de confession.

1753

9 avril. « Grandes remontrances » du parlement de Paris.

8 mai. Exil du parlement de Paris à Pontoise.

8 octobre. Rappel du parlement de Paris.

1754

août. Départ des Indes de Dupleix.

26 décembre. Traité Godeheu.

1755

18 mars. Arrêt du parlement sur la bulle *Unigenitus*.

1er juin. Attentat de Bascawen, au large de Terre-Neuve.

1756

1er mai. Renversement des alliances : premier traité de Versailles.

15 mai. Guerre franco-anglaise.

28 juin. Prise de Minorque par les Français.

12 juillet. Traité franco-suédois contre l'Angleterre.

21 août. Édit créant un nouveau vingtième.

octobre. Encyclique mettant fin à la querelle des billets de confession.

14 décembre. Lit de justice suivi de la démission des parlementaires.

1757

2 janvier. Prise de Calcutta par les Anglais.

5 janvier. Attentat de Damiens.

février. Disgrâce de Machault d'Arnouville et du comte d'Argenson.

21 mars. Alliance franco-suédoise.

1er mai. Deuxième traité franco-autrichien de Versailles.

11 août. Prise de Hanovre par les Français.

23 août. Prise de Werden par les Français.

5 novembre. Soubise battu par les Prussiens à Rossbach.

1758

23 juin. Défaite française de Krefeld.

9 octobre. Choiseul, secrétaire d'État aux Affaires étrangères. Capitulation du comte de Lally-Tollendal devant Madras.

1759

8 mars. Seconde condamnation de l'*Encyclopédie*.

1er août. Défaite française de Minden.

18 septembre. Prise de Québec par les Anglais.

20 novembre. Défaite française de l'escadre de Conflans près de Quiberon.

1760

8 septembre. Capitulation de Montréal.

15 octobre. Bataille de Clostercamp.

1761

16 janvier. Prise de Pondichéry par les Anglais.

27 janvier. Choiseul secrétaire d'État à la Guerre.

31 mars. Propositions françaises de paix à l'Angleterre.

8 mai. Condamnation des jésuites par le parlement.

juin-septembre. Négociations de Versailles.

15 août. Troisième pacte de Famille entre les Bourbons de France, d'Espagne et de Naples.

1762

février. Condamnation et exécution du pasteur Rochette.

10 mars. Procès et exécution de Jean Calas.

mars. Nouvelles négociations franco-anglaises.

6 août. Expulsion des jésuites.

17 septembre. Arrêt sur les ateliers textiles.

3 novembre. Préliminaires de paix à Fontainebleau.

1763

10 février. Traité de Paris.

15 février. Paix de Hubertsbourg.

13 décembre. L'Averdy, contrôleur général des Finances.

1764

15 avril. Mort de Mme de Pompadour.

4 juin. Cassation du jugement de Calas par le Conseil du roi.

5 juin. Début des affaires de Bretagne : conflit entre La Chalotais et d'Aiguillon.

19 juillet. Liberté du commerce des grains avec l'étranger.

novembre. Édit de Louis XV ordonnant la suppression de la Compagnie de Jésus en France.

1765

9 mars. Réhabilitation de Calas.

22 mai. Démission du parlement de Rennes.

28 août. « Soumission L'Averdy ».

20 décembre. Mort du Dauphin, fils de Louis XV.

1766

23 février. Mort de Stanislas Leszczynski.

24 février. Rattachement de la Lorraine à la France.

3 mars. Séance de la Flagellation.

9 mai. Exécution de Lally-Tollendal en place de Grève.

1er juillet. Exécution du chevalier de La Barre.

1767

mai. Bannissement des jésuites hors de France.

13 mai. Mort de la Dauphine, Marie-Josèphe de Saxe.

1768

15 mai. Traité de Versailles. Acquisition de la Corse par la France.

24 juin. Mort de la reine Marie Leszczyńska.

Arrivée de Mme du Barry à la Cour.

16 septembre. Maupeou, chancelier de France avec le garde des Sceaux.

1769

22 avril. Présentation de Mme du Barry.

8 mai. Défaite de Paoli à Ponte-Novo.

15 août. Naissance de Napoléon Bonaparte.

22 décembre. Terray, contrôleur général des Finances.

1770

4 avril-22 juin. Procès du duc d'Aiguillon, commandant de Bretagne.

16 mai. Mariage du Dauphin avec l'archiduchesse Marie-Antoinette d'Autriche.

27 novembre. Édit condamnant l'unité des corps des parlements.

24 décembre. Disgrâce de Choiseul.

1771

19 au 20 janvier (nuit du). Exil du parlement de Paris.

23 février. Réforme judiciaire de Maupeou.

6 juin. Nomination du secrétaire d'État aux Affaires étrangères : le duc d'Aiguillon.

novembre. Édit financier de Terray prorogeant les deux vingtièmes.

1773

21 juillet. Dissolution de l'ordre des jésuites par Clément XIV.

1774

10 mai. Mort de Louis XV. Avènement de Louis XVI.

20 juillet. Turgot, secrétaire d'État à la Marine.

24 août. Disgrâce de Maupeou et de Terray. Turgot, contrôleur général des Finances.

26 août. Turgot, ministre d'État.

13 septembre. Rétablissement de la libre circulation des grains.

12 novembre. Rétablissement du parlement de Paris.

1775

19 avril. Début de la révolte des colonies d'Amérique du Nord.

18 avril-6 mai. « Guerre des Farines. »

11 juin. Sacre de Louis XVI à Reims.

21 juillet. Malesherbes, secrétaire d'État à la Maison du roi.

10 octobre. Mort du comte Du Muy, secrétaire d'État à la Guerre.

27 octobre. Entrée en fonctions du nouveau secrétaire d'État à la Guerre, le comte de Saint-Germain.

1776

5 janvier. Édits de Turgot supprimant les corporations et la corvée royale.

12 mars. Lit de justice imposant l'enregistrement des édits du 5 janvier.

12 mai. Chute de Turgot.

mai-octobre. Clugny de Nuits révoque les édits de Turgot.

11 août. Rétablissement de la corvée royale.

28 août. Rétablissement des corporations.

1777

avril. La Fayette s'embarque pour l'Amérique.

mai. Disgrâce de Saint-Germain.

28 mai. Traité de Soleure avec les cantons suisses.

29 juin. Necker, directeur général des Finances.

1778

6 février. Traité d'alliance avec les insurgents d'Amérique.

19 décembre. Naissance de Madame Royale.

1779

12 avril. Traité franco-espagnol d'Aranjuez.

13 mai. Convention franco-impériale de Teschen.

août. Suppression du servage sur les domaines royaux.

1780

2 mai. Départ de Brest du corps expéditionnaire français pour l'Amérique.

24 août. Abolition de la « question » préparatoire.

1781

février. *Compte rendu au Roy* de Necker.

19 mai. Démission de Necker. Joly de Fleury au conseil des Finances.

22 mai. Édit réservant les grades militaires à la noblesse.

19 octobre. Capitulation des Anglais à Yorktown.

22 octobre. Naissance du premier dauphin.

21 novembre. Mort de Maurepas.

1782

février-septembre. Victoires navales de Suffren aux Indes.

1783

30 mars. Chute de Joly de Fleury. Lefèvre d'Ormesson aux Finances.

4 juin. Expérience des frères Montgolfier à Annonay.

3 septembre. Traité de Versailles confirmant l'indépendance des États-Unis.

10 novembre. Chute de d'Ormesson. Calonne, contrôleur général des Finances.

21 novembre. Ascension en montgolfière de Pilâtre de Rozier.

1784

27 avril. Première représentation du *Mariage de Figaro*.

1785

7 janvier. Traversée de la Manche en ballon par Blanchard.

24 janvier. Début de l'affaire du Collier.

27 mars. Naissance du duc de Normandie (futur Louis XVII).

15 août. Arrestation du cardinal de Rohan.

1786

31 mai. Acquittement du cardinal de Rohan et condamnation de la comtesse de La Motte.

1er août. Départ de l'expédition de La Pérouse.

8 août. Première ascension du mont Blanc.

20 août. Projets de réforme financière de Calonne.

26 septembre. Traité de commerce avec l'Angleterre.

1787

22 février. Début de la première assemblée des notables.

8 avril. Disgrâce de Calonne.

1er mai. Loménie de Brienne, chef du Conseil royal des finances.

25 mai. Renvoi de l'assemblée des notables.

15 août. Exil du parlement à Troyes.

15-18 août. Émeutes à Paris.

19 septembre. Rappel du parlement.

9 octobre. Création du Conseil de la guerre.

1788

29 janvier. Édit accordant l'état civil aux protestants.

3 mai. Arrêt du parlement inspiré par d'Éprémesnil.

6 mai. Arrestation de d'Éprémesnil et de Monsabert.

8 mai. Réforme judiciaire de Lamoignon.

7 juin. « Journée des Tuiles » à Grenoble.

21 juillet. Réunion à Vizille des états du Dauphiné.

8 août. Annonce de la convocation des états généraux.

25 août. Démission de Loménie de Brienne. Rappel de Necker.

23 septembre. Les parlements rétablis dans leurs prérogatives.

6 novembre. Assemblée des notables.

12 novembre. Seconde assemblée des notables.

27 décembre. Doublement du tiers état.

Dictionnaire des personnages

d'Aguesseau - Phot. Lauros-Giraudon.

Aguesseau Henri François d' *(Limoges 1668 - Paris 1751).* Fils d'Henri d'Aguesseau, intendant du Languedoc, il devint avocat général au parlement de Paris en 1690 et fut nommé procureur général en 1700. Chancelier de 1717 à 1750, il fut cependant à plusieurs reprises exilé et privé des Sceaux. Gallican d'éducation janséniste, il nia le droit du Saint-Siège de juger en première instance les affaires nées en France. Il réforma la législation et rédigea trois ordonnances célèbres sur les donations (1731), sur les testaments (1735), sur les substitutions (1747). Grand érudit et excellent écrivain, d'Aguesseau a laissé des ouvrages sur des sujets d'histoire et de philosophie.

Aiguillon Emmanuel Armand de Vignerot du Plessis de Richelieu, duc d' *(Paris 1720 - id. 1788).* Arrière-petit-neveu du cardinal de Richelieu, il devint commandant en chef en Bretagne (1753) et sauva la province d'une invasion anglaise en 1758. Pour avoir ordonné la levée des droits de ferme en 1764, il fut traduit devant le parlement de Rennes pour abus de pouvoir et fut violemment attaqué par le procureur général La Chalotais. Louis XV ayant fait emprisonner La Chalotais, le parlement de Paris, solidaire de celui de Rennes, déchut le duc d'Aiguillon de ses charges en 1768. Après la chute de Choiseul, d'Aiguillon devint secrétaire d'État aux Affaires étrangères (1771) et à la Guerre (1774) dans le triumvirat qu'il forma avec Maupeou et Terray. Il fut disgracié à l'avènement de Louis XVI.

Argenson Marc Pierre de Voyer, comte d' *(Paris 1696 - id. 1764).* Frère du précédent, il fut conseiller au parlement (1719), lieutenant général de police (1720), conseiller d'État, intendant de Paris (1740). Il devint secrétaire d'État à la Guerre (1743), unifia les calibres de l'artillerie et fit réparer les places fortes. Disgracié en 1757, il fut l'ami des Encyclopédistes, qui lui dédièrent leur œuvre.

Argenson Marc René de Voyer, marquis d' *(Venise 1652 - Paris 1721).* Il fut lieutenant général de police de 1697 à 1718. En 1715, Philippe d'Orléans lui confia la présidence du Conseil des affaires du dedans (ministère de l'Intérieur). Il créa alors la première véritable police politique de France et organisa les « lettres de cachet ». En 1718, il devint président du Conseil des finances et garde des Sceaux. Hostile à Law, il démissionna en 1720.

Argenson René Louis de Voyer, marquis d' *(Paris 1694 - id. 1757).* Fils de Marc René d'Argenson, il fut conseiller au parlement de Paris (1716), conseiller d'État et intendant du Hainaut et du Cambrésis. Il était surnommé « Argenson la Bête » en raison de la simplicité de ses manières. En 1744, il remplaça Amelot aux Affaires étrangères et présenta, en 1746, un projet de paix qui fut examiné par le congrès de Bréda, mais, devant les réticences des puissances, Louis XV le renvoya (1747) et il se consacra à la littérature.

d'Argenson - Phot. Lauros-Giraudon.

Barry Jeanne Bécu, comtesse du *(Vaucouleurs 1743 - Paris 1793).* Fille naturelle d'une couturière, elle s'établit très jeune à Paris et devint la maîtresse du comte Jean du Barry, qui la maria à son frère Guillaume. Favorite en titre de Louis XV à partir de 1769, elle eut moins d'influence politique que Mme de Pompadour, mais hâta la chute de Choiseul. Après la mort de Louis XV, elle se retira dans le château de Louveciennes que le roi lui avait donné. Pendant la Révolution, elle se mit au service de l'émigration. Arrêtée en juin 1793 et accusée de complot contre la République, elle fut condamnée à mort par le Tribunal révolutionnaire et guillotinée.

Mme du Barry - Phot. Tallandier.

Beaumont Christophe de *(château de La Roque, Sarlat, 1703 - Paris 1781).* Évêque de Bayonne (1741), archevêque de Vienne (1745) et enfin archevêque de Paris (1746), il déploya un grand zèle dans sa lutte contre les jansénistes et les philosophes. Il voulut exiger des pénitents l'adhésion à la bulle *Unigenitus* et la production de billets de confession émanant de prêtres ayant adhéré à la constitution. Il fut relégué à Conflans, puis en Auvergne en août 1754.

Belle-Isle Charles Fouquet, comte puis duc de *(Villefranche-de-Rouergue 1684 - Versailles 1761).* Après être entré dans l'armée et être devenu, en 1709, « mestre » de camp général des dragons, il fut promu en 1741 maréchal de France. Ambassadeur à la diète de Francfort, il se fit le champion de la guerre contre l'Autriche et réussit à former contre Marie-Thérèse une vaste coalition. En 1747, il libéra la Provence des Austro-Sardes et fut fait duc et pair (1748). De 1758 à 1761, il fut ministre de la Guerre.

Bernis François Joachim de Pierre, cardinal de *(Saint-Marcel-en-Vivarais 1715 - Rome 1794).* Issu d'une famille noble peu fortunée, il fut protégé par Mme de Pompadour et devint ambassadeur à Venise (1752). Chargé par Louis XV de négocier secrètement avec l'Autriche, il participa à l'élaboration du premier traité de Versailles (1756). Secrétaire d'État aux Affaires étrangères en 1757, il s'opposa à la poursuite de la guerre de Sept Ans et fut disgracié en 1758. Nommé cardinal, il recouvra la faveur du roi qui le nomma archevêque d'Albi en 1764. Il négocia avec le pape Clément XIV la suppression de la Compagnie de Jésus en 1773. En décembre 1790, il refusa de prêter serment à la Constitution civile du clergé et fut destitué.

Bernis - Phot. Hubert Josse.

Bertin Henri Léonard, comte de Bourdeille *(Périgueux 1720 - Aix-la-Chapelle 1792).* Président du Grand Conseil, intendant du Roussillon (1750), puis de Lyon (1754), il devint lieutenant général de police en 1757 et fut nommé en

Belle-Isle - Phot. Lauros-Giraudon.

Bertin - Phot. Lauros-Giraudon.

1759 contrôleur général des Finances. Ses projets de réformes fiscales et de réalisation d'un cadastre se heurtèrent à l'opposition des parlementaires et il démissionna en 1763. Il fonda les écoles vétérinaires de Lyon (1763) et d'Alfort (1766).

Bourbon LOUIS HENRI DE CONDÉ, DUC DE (Versailles 1692 - Chantilly 1740). Descendant du Grand Condé, il releva le titre de « duc de Bourbon » et joua un rôle capital pendant la Régence : chef du Conseil de régence à la mort de Louis XIV, il devint Premier ministre en 1723 et le resta jusqu'à l'arrivée au pouvoir de Fleury en 1726. Il organisa le mariage de Louis XV avec Marie Leszczynska, mais se rendit impopulaire par sa politique financière et fut renvoyé par Louis XV, qui l'exila à Chantilly en 1726.

Bussy-Castelnau CHARLES JOSEPH PATISSIER, MARQUIS DE (Ancienville 1720 - Pondichéry 1785). Principal auxiliaire de Dupleix en Inde, il parvint à repousser les Anglais de Pondichéry en 1748. Il s'empara en 1751 d'Aurengabad et, pendant quelques années, domina le centre de la péninsule. Fait prisonnier en 1760 par les Anglais, il revint aux Indes en 1781. Il fut nommé commandant de armées de terre et de mer et mena les opérations avec Suffren jusqu'à la paix de Versailles de 1783.

Calonne CHARLES ALEXANDRE DE (Douai 1734 - Paris 1802). Cet avocat se fit connaître en 1765 en instruisant l'affaire opposant le parlement de Rennes et La Chalotais. Après avoir été intendant à Metz (1766) et à Lille (1778), il fut nommé en 1783 contrôleur général des Finances et fut chargé de résoudre la crise financière. Pendant trois ans, il prit des mesures pour rétablir la confiance dans l'État. En 1786, il proposa à Louis XVI un grand programme de réformes, prévoyant de remplacer les vingtièmes par une subvention territoriale et l'institution d'assemblées municipales. Pour prévenir l'opposition parlementaire, il fit convoquer l'assemblée des notables en 1787, mais, critiqué dans sa gestion, il fut congédié par Louis XVI et s'exila. Il revint en France sous le Consulat.

Châteauroux MARIE-ANNE DE MAILLY-NESLE, MARQUISE DE LA TOURNELLE, DUCHESSE DE (Paris 1717 - id. 1744). Quatrième des filles du marquis de Nesle qui, tour à tour, furent aimées de Louis XV, elle attira l'attention du roi, obtint le renvoi de ses sœurs, le rang de maîtresse déclarée, le titre de duchesse de Châteauroux et 80 000 livres de rente. Nommée dame du palais, elle entreprit de faire de Louis XV un grand roi. Lors de la maladie du souverain à Metz en 1744, elle fut chassée et mourut brutalement peu de temps après, ce qui fit croire sans preuves à un empoisonnement.

Chauvelin GERMAIN LOUIS DE (Paris 1685 - id. 1762). Avocat général au parlement, garde des Sceaux (1727), puis secrétaire d'État aux Affaires étrangères (1727-1737), il fut d'abord l'homme de confiance du cardinal de Fleury. Partisan de la politique anti-autrichienne, il fut en grande partie responsable de la guerre de la Succession de Pologne. Fleury prit ombrage de son influence et le fit exiler à Bourges, puis à Issoire.

duchesse de Châteauroux - Phot. Hubert Josse

Choiseul ÉTIENNE FRANÇOIS, DUC DE (Nancy 1719 - Paris 1785). Sous le nom de comte de Stainville, il suivit la carrière des armes et devint maréchal de camp en 1748. Protégé par Mme de Pompadour, il fut nommé ambassadeur à Rome (1754-1757), puis à Vienne (1757-1758). Pendant la guerre de Sept Ans, il fut nommé secrétaire d'État aux Affaires étrangères (1758-1761), puis à la Guerre (1761-1770) et à la Marine (1761-1766). Pendant douze ans, de 1758 à 1770, il dirigea la politique de la France. Il signa le pacte de Famille en 1761, réorganisa l'armée et la marine. En 1766, il réunit la Lorraine à la France et, en 1768, acheta la Corse à Gênes. Il soutint en secret les parlementaires lors de l'affaire de Bretagne, ce qui lui valut sa disgrâce en 1770. Il se retira dans son domaine de Chanteloup.

Calonne - Phot. Tallandier

Chauvelin - Phot. Lauros Giraudon.

Clugny de Nuits JEAN ÉTIENNE BERNARD, BARON DE (la Guadeloupe 1729 - Paris 1776). Il fut successivement intendant de Saint-Domingue (1760-1763), de la Marine à Brest (1764), du Roussillon (1774), de Guyenne (1775), avant de succéder à Turgot comme contrôleur général des Finances en 1776. Il révoqua les édits de son prédécesseur et créa une loterie royale pour réduire le déficit.

Diderot - Phot. Lauros Giraudon

Diderot DENIS (Langres 1713 - Paris 1784). Fils d'un riche coutelier de Langres, il s'enfuit du collège des jésuites de sa ville natale et gagna Paris, où il mena une existence de bohème. Il fut considéré par ses contemporains comme le « Philosophe » par excellence en s'illustrant dans de nombreuses formes littéraires, créant la critique d'art, une nouvelle forme romanesque (Jacques le Fataliste), établissant un rapport entre les découvertes scientifiques et la métaphysique (Lettre sur les aveugles), définissant une nouvelle esthétique dramatique (Paradoxe sur le comedien). Il dut sa gloire à l'Encyclopédie, qu'il anima pendant plus de vingt ans.

Dubois GUILLAUME (Brive-la-Gaillarde 1656 - Versailles 1723). Fils d'un apothicaire, il devint précepteur de Philippe d'Orléans, alors duc de Chartres (1687). Il prit rapidement une grande influence sur son élève qui, à son élévation à la Régence, l'appela à ses côtés. Il sut rapprocher la France de l'Angleterre, des Pays-Bas et même de l'Autriche par des traités dont il fut souvent l'auteur ou l'instigateur direct (Triple-puis Quadruple-Alliance, 1717-1718). Après la victoire sur l'Espagne (1719-1720), il fut le principal artisan du renvoi d'Alberoni par Philippe V. Il ne se contenta pas du ministère des Affaires étrangères et obtint, après l'archevêché de Cambrai, en 1720, le chapeau de cardinal l'année suivante. Il fut Premier ministre en 1722 et mourut quelques mois plus tard.

Dupleix JOSEPH FRANCOIS *(Landrecies 1696 - Paris 1763).* Envoyé aux Indes en 1720, il fut nommé en 1731 gouverneur de Chandernagor et devint en 1741 gouverneur général de la Compagnie des Indes. Grâce à la guerre de la Succession d'Autriche, il put dominer la compagnie anglaise, et la flotte de La Bourdonnais s'empara de Madras en 1746. Mais les directeurs européens s'inquiétèrent de l'engagement de Dupleix et le rappelèrent en 1754. Il eut alors à faire face à de graves difficultés financières, car la Compagnie refusa de lui rembourser les sommes qu'il avait engagées dans les affaires indiennes.

Éprémesnil JEAN JACQUES DUVAL D' *(Pondichéry 1745 - Paris 1794).* Conseiller au parlement de Paris, il fut un des chefs de l'opposition parlementaire à la fin de l'Ancien Régime sous le ministère de Loménie de Brienne et, en novembre 1787, demanda la réunion des états généraux. Incarcéré en 1788, il fut libéré après la chute de Brienne. Député de la noblesse aux états généraux, il soutint l'absolutisme royal et, condamné à mort par le Tribunal révolutionnaire, il fut guillotiné en 1794.

Estaing CHARLES HENRI JEAN-BAPTISTE, COMTE D' *(château de Ravel, Puy-de-Dôme, 1729 - Paris 1794).* D'abord officier dans l'armée de terre, il servit aux Indes en 1757, puis il passa dans la marine. Vice-amiral des mers d'Asie et d'Afrique en 1777, il commanda la flotte qui participa à la guerre de l'Indépendance américaine. Il n'osa pas attaquer New York et se dirigea vers les Antilles. En 1779, il prit Saint-Vincent et Grenade, mais dut renoncer à s'emparer de Savannah. Il fut commandant de la Garde nationale à Versailles en 1789 et fut nommé en 1792 amiral de France. Il fut guillotiné en 1794.

Fleury ANDRÉ HERCULE DE *(Lodève 1653 - Paris 1743).* Fils d'un receveur des tailles, entré dans l'Église, il acquit une charge d'aumônier de la reine (1679), puis du roi (1683) et devint évêque de Fréjus (1698). Précepteur de Louis XV (1714), il acquit une grande influence sur son élève. À la mort du Régent, il faisait partie du conseil d'État et du conseil de Conscience. Ayant fait congédier le duc de Bourbon pour garder le pouvoir, il devint ministre d'État, puis cardinal (1726). Modeste en apparence, mais très jaloux de son autorité, il se choisit de bons collaborateurs et réalisa pendant quelques années un équilibre budgétaire inaccoutumé. Il eut à faire face aux querelles religieuses suscitées par le jansénisme. Désireux de maintenir la paix en accord avec l'Angleterre, il fut néanmoins contraint de participer à la guerre de la Succession de Pologne et à la guerre de la Succession d'Autriche. Sa politique, qui parut dépourvue de prestige, assura cependant une période de prospérité à la France.

Grasse FRANCOIS JOSEPH PAUL, MARQUIS DE GRASSE-TILLY, COMTE DE *(Le Bar, Provence, 1722 - Paris 1788).* Après avoir participé à la bataille d'Ouessant en 1778, il fut nommé chef d'escadre en 1779 et rejoignit d'Estaing aux Antilles. En 1781, il s'empara de Tobago, puis, en débarquant dans la baie de Chesapeake, renforça le blocus des forces anglaises encerclées à Yorktown par les troupes de Washington et de Rochambeau. Attaqué en 1782, près des Saintes par l'escadre de lord Rodney, il fut fait prisonnier et amené en Angleterre. Revenu en France, il fut jugé par un conseil de guerre en 1784 et acquitté.

La Bourdonnais BERTRAND FRANCOIS MAHÉ, COMTE DE *(Saint-Malo 1699 - Paris 1753).* Entré jeune au service de la Compagnie des Indes, il participa à la fondation de Mahé. Fixé à l'île de France (île Maurice), il en assura le développement économique. Capitaine de frégate de la marine royale, il délivra Mahé (1741). Sollicité par Dupleix, il combattit l'escadre anglaise de Peyton et s'établit à Pondichéry. Invité à prendre Madras, il ne le fit qu'après de longues hésitations (1746) et ne fit pas démanteler la ville, malgré les ordres de Dupleix, qui le renvoya en France où il fut embastillé. Son procès (1751) se termina par son acquittement.

La Chalotais LOUIS RENÉ DE CARADEUC DE *(Rennes 1701 - id. 1785).* Procureur général au parlement de Rennes, il s'illustra par ses réquisitoires contre les jésuites et par ses plans d'une éducation nationale, laïcisée et modernisée. Protégé par Choiseul, il entreprit contre le duc d'Aiguillon une lutte pour défendre les privilèges bretons (1765-1770). Il entraîna les parlementaires bretons à démissionner avec lui en mai 1765.

La Fayette MARIE JOSEPH PAUL YVES ROCH GILBERT MOTIER, MARQUIS DE *(Chavaniac, Auvergne, 1757 - Paris 1834).* Cet officier, lié avec Franklin, s'embarqua en 1777 pour aller aider les insurgents en Amérique. Il combattit à la tête des troupes de Virginie en 1778 et, revenu en France en 1779, contribua à faire décider de l'appui français aux insurgents. Député de la noblesse de Riom aux états généraux, il prôna la réunion des trois ordres et fut nommé commandant de la Garde nationale le 15 juillet 1789. Émigré de 1792 à 1800, il fut député libéral sous la Restauration et commanda la Garde nationale en juillet 1830. Membre de la gauche dynastique, il se détacha du gouvernement de la monarchie de Juillet.

Lally THOMAS, BARON DE TOLLENDAL, COMTE DE *(Romans 1702 - Paris 1766).* D'origine irlandaise, il s'illustra aux batailles de Fontenoy en 1745 et de Lawfeld en 1747 et fut fait maréchal de camp en 1748. Nommé lieutenant général en Inde, il arriva à Pondichéry en 1758. Il ne put faire capituler Madras, puis, bloqué dans Pondichéry, il capitula après un siège de cinq mois (1761). Emprisonné à Londres, puis à la Bastille, il fut condamné à mort pour trahison par le parlement de Paris le 6 mai 1766 et exécuté. Son fils Gérard entreprit avec Voltaire sa réhabilitation et, en 1778, à l'instigation de Louis XVI, le Conseil cassa l'arrêt du parlement.

Lamoignon Chrétien François de (Paris 1735 - id. 1789). Conseiller, puis président à mortier du parlement de Paris, il fut exilé en 1771 lors de la réforme de Maupeou. Garde des Sceaux en 1787, il voulut briser la révolte des parlements en les dépouillant du droit d'enregistrement et en leur enlevant une partie de leurs attributions judiciaires (mai 1788). Devant l'ampleur de l'opposition, il fut disgracié par Louis XVI en septembre 1788.

La Pérouse. Jean François de Galaup, comte de (château du Guo, près d'Albi, 1741 - île de Vanikoro, Pacifique, 1788). Ce capitaine de vaisseau se signala pendant la guerre d'indépendance américaine. En 1785, il fut chargé par Louis XVI d'une expédition destinée à compléter l'œuvre de Cook. Il partit de Brest en août 1785 avec deux frégates. Après avoir atteint l'île de Pâques en avril 1786, il gagna Macao, les Philippines, la Corée et le Kamtchatka. En février 1788, il disparut et son sort demeura inconnu jusqu'en 1826 où des débris de ses vaisseaux furent découverts près de l'île de Vanikoro.

La Pérouse - Phot. L.L.

La Valette Antoine de (Martrin, Aveyron, 1708 - Toulouse 1767). Ce jésuite fut envoyé à la Martinique en 1741 et devint supérieur des missions françaises de l'Amérique du Sud en 1754. Ayant créé une maison de commerce, il fit une banqueroute qui toucha des négociants de Marseille. Ceux-ci se retournèrent contre la Compagnie de Jésus et la firent condamner par le parlement d'Aix. Cette affaire fut à l'origine de la suppression de la Compagnie de Jésus en 1764.

L'Averdy Clément Charles François de (Paris 1723 - id. 1793). Conseiller du parlement de Paris (1743), puis contrôleur général des Finances (1763-1768), il établit la liberté du commerce des grains d'abord de province en province, puis dans tout le royaume et avec l'étranger. Pour réduire la dette publique, il créa une Caisse d'arrérages et une Caisse d'amortissements. Son projet de révision des cotes fiscales se heurta à l'opposition des parlementaires (1768). En 1785, il signa avec la société Malisset un contrat qui fut dénoncé comme un « pacte de famine ». Il fut guillotiné sous la Terreur.

Law - Phot. Réunion des musées nationaux

Law John (Edimbourg 1671 - Venise 1729). Après une jeunesse aventureuse qui le conduisit dans différents pays d'Europe, il fit paraître, en 1705, ses *Considérations sur le numéraire et le commerce*. C'est en France, grâce à l'appui du Régent, qu'il put expérimenter son « système », qui prenait assise sur la mise en circulation du papier-monnaie et d'un subtil jeu d'actions. En 1716, il fonda sa banque, qui devint en 1718 la « Banque royale ». Considérant que l'augmentation du numéraire (papier-monnaie) correspondait à une augmentation de la valeur économique d'un pays, il engagea les finances françaises dans des entreprises de plus en plus hasardeuses. Tout d'abord à tentative réussit. Il créa la Compagnie d'Occident en 1717, qui prit, en 1719, le nom de Compagnie française des Indes. Il acheta la concession de la fabrication des monnaies. Promettant de rembourser la dette de l'État, il fut nommé contrôleur général en 1720. Mais, après un agiotage effréné, l'augmentation constante du nombre des actions et du numéraire amena rapidement la banqueroute. Devant la situation, qui tournait à l'émeute, le Régent congédia Law dès 1720. Malgré l'échec de son système, l'économiste écossais doit être considéré comme un des fondateurs de l'économie moderne.

Le Peletier des Forts Michel, comte de Saint-Fargeau (Paris 1675 - id. 1740). Neveu de Claude Le Peletier, il fut contrôleur général des Finances de 1726 à 1730 et revint aux pratiques financières traditionnelles après la liquidation du système de Law. Il supprima le cinquantième et rétablit en 1726 la Ferme générale. Son impopularité conduisit à son renvoi par Fleury.

Leszczynska Marie (Breslau 1703 - Versailles 1768). Fille du roi de Pologne Stanislas Ier Leszczynski, elle souffrit des revers de fortune qui frappèrent sa famille et vécut à Stettin, à Deux-Ponts, puis à Wissembourg. Elle sortit de l'obscurité lorsque le duc de Bourbon décida de la marier à Louis XV (1725), bien qu'elle eût sept ans de plus que le roi de France. De 1727 à 1737, Marie mit au monde dix enfants. Bien qu'elle n'ait eu aucune influence politique, un parti de dévôts se forma autour d'elle et de son fils.

Marie Leszczynska - Phot. Lauros-Giraudon

Leszczynski Stanislas (Lwow 1677 - Lunéville 1766). Issu de la grande noblesse polonaise, palatin de Posnanie, il se porta candidat à la couronne de son pays quand Charles XII chassa Auguste II. Élu avec l'appui du roi de Suède en 1704, il ne parvint pas à s'imposer et dut s'enfuir en Suède en 1709. Convoqué en Turquie par Charles XII, Stanislas fut retenu prisonnier par les Ottomans. Libéré, il reçut du roi de Suède la principauté des Deux-Ponts qu'il dut quitter à la mort de Charles XII (1718). Le Régent l'installa à Wissembourg. Devenu le beau-père de Louis XV, Stanislas posa sa candidature au trône de Pologne après la mort d'Auguste II (1733). Ayant traversé l'Allemagne sous un déguisement, il se fit élire roi, mais fut chassé par l'armée russe qui appuyait Auguste III et l'assiégea à Dantzig. La diplomatie française obligea Stanislas à abdiquer et à se contenter d'une souveraineté nominale sur le Barrois et la Lorraine (traité de Vienne, 1738).

Stanislas Leszczynski - Phot. G. Dagli Orti

Loménie de Brienne Étienne Charles de (Paris 1727 - Sens 1794). Évêque de Condom (1760), puis archevêque de Toulouse (1763), il s'opposa à Calonne lors de l'assemblée des notables de février 1787, puis lui succéda comme chef du Conseil royal des finances. Il entra en conflit avec le parlement de Paris, qu'il exila à Troyes en août 1787. Acculé financièrement, il accepta de convoquer les états généraux. Par les édits de mai 1788, il limita les pouvoirs du parlement, ce qui provoqua des émeutes en province. Loménie de Brienne fut renvoyé par le roi en août 1788. Devenu cardinal, il prêta serment à la Constitution civile du clergé, mais dut donner sa démission de cardinal en 1791 et fut incarcéré sous la Terreur.

Machault d'Arnouville Jean-Baptiste de (Paris 1701 - id. 1794). Fils d'un lieutenant général de police, il devint conseiller au parlement, maître des requêtes (1728), intendant du Hainaut (1743), enfin contrôleur général des Finances (1745-1754). Il eut recours à des expédients, puis décida d'assujettir tous les privilégiés à l'impôt, ce qui suscita de

violentes réactions de la part des parlements et du clergé. Nommé garde des Sceaux (1750-1757), il parut sur le point de triompher, mais Louis XV, effrayé par le déclenchement des passions, revint sur ses décisions. Disgracié en 1757 sur l'intervention de Mme de Pompadour, il vécut alors dans la retraite. Louis XVI songea à le rappeler à la veille de la Révolution. Pendant la Terreur, il se réfugia à Rouen, mais fut arrêté et mourut en prison.

Malesherbes CHRÉTIEN GUILLAUME DE LAMOIGNON DE *(Paris 1721 - id. 1794).* Conseiller au parlement, il succéda à son père comme président de la Cour des aides en 1750. Directeur de la librairie de 1750 à 1763, il facilita la publication de l'*Encyclopédie*. Nommé secrétaire d'État à la Maison du roi en 1775, il renonça aux lettres de cachet, mais démissionna en 1776. Il émigra au début de la Révolution, mais revint en France en 1792 pour défendre le roi devant la Convention. Arrêté comme suspect, il fut guillotiné.

Maupeou RENÉ NICOLAS CHARLES AUGUSTIN DE *(Montpellier 1714 - Le Thuit, Eure, 1792).* Apparenté à la plupart des grandes familles de robe, il fut président à mortier au parlement de Paris (1737), puis premier président de ce parlement (1763). Protégé par Mme du Barry, il fut nommé chancelier de France en 1768 par Louis XV, décidé à briser l'opposition parlementaire après l'affaire de Bretagne. Opposé à la politique extérieure de Choiseul, il contribua à la disgrâce du ministre en 1770. Le 6 juin 1771, il forma avec d'Aiguillon et Terray un triumvirat antiparlementaire. Après avoir exilé les parlementaires dans la nuit du 19 au 20 janvier 1771, il entama une profonde réforme judiciaire par l'édit du 23 février 1771 (abolition de la vénalité des charges, suppression des épices, création d'un nouveau parlement de Paris formé de juges appointés, révocables et recrutés dans les cours souveraines abolies). Malgré le discrédit jeté par la noblesse et les salons sur le « parlement Maupeou », les nouveaux tribunaux fonctionnèrent de façon satisfaisante. Mais l'œuvre de Maupeou fut détruite par Louis XVI et le ministre fut disgracié par le roi.

Maurepas JEAN FRÉDÉRIC PHÉLYPEAUX, COMTE DE *(Versailles 1701 - id. 1781).* Secrétaire d'État à la Maison du roi, puis à la Marine et aux Colonies (1723-1749), il réussit à améliorer les constructions portuaires et à accélérer les constructions navales. Soupçonné d'avoir attaqué Mme de Pompadour, il fut disgracié en 1749. En 1774, le jeune Louis XVI le nomma ministre d'État et chef du conseil royal des Finances. Il favorisa le départ de Maupeou et le rappel des parlementaires. Il sut choisir d'excellents ministres, mais ne les soutint pas contre les cabales de la Cour qui les éliminèrent.

Maurice, COMTE DE SAXE, DIT LE MARÉCHAL DE SAXE *(Goslar 1696 - Chambord 1750).* Fils naturel de l'Électeur de Saxe Frédéric-Auguste et d'Aurora von Königsmark, il servit très jeune dans l'armée du Prince Eugène, devint ensuite colonel dans le régiment de cavalerie du roi de Pologne, puis passa au service du roi de France. La guerre de la Succession d'Autriche le révéla comme l'un des plus grands capitaines du siècle, et il remporta les batailles de Fontenoy (1745), Raucoux (1746), Lawfeld (1747). Maréchal de France en 1744, il fut fait, en 1747, maréchal général des camps et armées. Il se retira à Chambord, que lui avait donné Louis XV, et y mourut.

Monsabert ou Montsabert ANNE LOUIS MARIE FRANCOIS GOISLARD, COMTE DE *(Angers 1763 - Paris 1814).* Conseiller au parlement de Paris, il fut avec d'Éprémesnil un des principaux chefs de l'opposition parlementaire aux réformes de Loménie de Brienne et inspira la demande de réunion des états généraux. Il fut incarcéré à Lyon en 1788 et fut libéré en 1789.

Montcalm de Saint-Véran LOUIS JOSEPH, MARQUIS DE *(château de Candiac, près de Nîmes, 1712 - Québec 1759).* Cet officier s'illustra pendant la guerre de la Succession d'Autriche et devint commandant des troupes du Canada en 1756. Avec une armée inférieure en nombre, il domina les Anglais par son audace. Ces derniers ayant reçu de puissants renforts et ayant débarqué

près de Québec, il les attaqua dans les plaines d'Abraham, mais ses troupes furent vaincues et il fut lui-même tué.

Montesquieu CHARLES DE SECONDAT, BARON DE LA BRÈDE ET DE *(château de La Brède, près de Bordeaux, 1689 - Paris 1755).* Issu d'une famille de magistrats bordelais, il fit des études de droit et devint conseiller au parlement de Bordeaux, puis président à mortier. Il acquit une réputation de bel esprit avec ses *Lettres persanes* (1721). Après avoir voyagé dans plusieurs pays d'Europe, il se retira à La Brède, où il rédigea *De l'esprit des Lois*, qui fut à l'origine des doctrines constitutionnelles libérales reposant sur la séparation des pouvoirs législatif, exécutif et judiciaire.

Montgolfier JOSEPH MICHEL *(Vidalon-lès-Annonay, Ardèche, 1740 - Balaruc-les-Bains, Hérault, 1810)* et ÉTIENNE *(Vidalon-lès-Annonay 1745 - Serrières, Ardèche, 1799).* Ces deux frères, fils d'un papetier d'Annonay, collaborèrent à l'invention du ballon à air chaud. Le 4 juin 1783, à l'occasion de l'assemblée des états du Vivarais, ils firent le premier essai de lancement d'une *montgolfière,* ballon de soie rempli d'air chaud. Ils répétèrent leur expérience à Versailles devant le roi et la cour. En 1792, ils inventèrent le *bélier hydraulique,* machine servant à élever l'eau. Joseph devint l'un des administrateurs du Conservatoire des arts et métiers.

Necker Jacques *(Genève 1732 - Coppet 1804).* Né dans une famille genevoise protestante, il fonda en 1762 à Paris une banque qui fit fortune en spéculant sur le blé. En 1772, il devint ministre résident de Genève à Paris. Soutenu par Maurepas, il fut appelé par Louis XVI en 1776 pour réorganiser les finances et fut nommé en 1777 directeur général des Finances. Il pratiqua une politique d'économie en réduisant les budgets et eut recours à plusieurs emprunts. Il souleva l'opposition des parlements en créant des assemblées provinciales chargées d'établir l'impôt. Ayant relevé dans son *Compte rendu au Roy* une partie de l'étendue de la dette publique, il dut démissionner en 1781. Rappelé en 1788, il ne put rétablir la situation financière et fit décider la réunion des états généraux. Son renvoi déclencha les troubles du 14 juillet 1789. De nouveau rappelé, il ne put dominer la situation et démissionna en septembre 1790.

Noailles Adrien Maurice, comte d'Ayen et duc de *(Paris 1678 - id. 1766).* Il aida le Régent à faire casser le testament de Louis XIV, devint président du Conseil des finances (1715-1718) et prit un certain nombre de mesures énergiques : suppression des charges, révision de la dette d'État, création de la Chambre

ardente, ou tribunal extraordinaire destiné à examiner l'origine des fortunes réalisées durant les dernières guerres du règne de Louis XIV. Son opposition à Law le fit écarter du pouvoir. Maréchal au siège de Philippsburg (1734), il fut encore ministre des Affaires étrangères de 1744 à 1745.

Ormesson Henri IV François de Paule Lefèvre d' *(Paris 1751 - id. 1808).* Conseiller au parlement de Paris (1768), puis maître des requêtes, il fut contrôleur des Finances de mars à novembre 1783 et lança plusieurs emprunts. Il fut élu maire de Paris en 1792, mais déclina cette fonction.

Orry Philibert, comte de Vignory *(Troyes 1689 - La Chapelle, près de Nogent-sur-Seine, 1747).* Intendant de Soissons (1725), de Perpignan (1727), puis de Lille (1730), il succéda en 1730 à Le Peletier des Forts comme contrôleur général des Finances. Il fit des économies, rétablit le dixième en 1733 pour ne pas accroître la taille, mit à contribution les fermiers généraux et le clergé et réussit à équilibrer le budget. Colbertiste convaincu, il créa des manufactures royales de textile et de papier et multiplia les inspecteurs des manufactures. Il fut disgracié en 1745.

Paoli Pascal ou Pasquale *(Morasaglia 1725 - Londres 1807).* Officier à Naples, il rentra en Corse en 1755, où il fut élu général et prit la tête de la révolte des insulaires contre Gênes. Il organisa un véritable gouvernement à l'intérieur des terres et fit voter une constitution, en 1755, affirmant la souveraineté de la « nation corse ». Protestant contre le traité de Versailles (1768) par lequel Gênes abandonna ses droits sur la Corse à la France, Paoli convoqua à Corte une consulte qui décréta la levée en masse des Corses pour résister par les armes aux Français. Vaincu à Ponte-Novo en 1769, il renonça à la résistance et s'enfuit à Londres. De retour en Corse en 1790, il mena avec l'aide de l'Angleterre une nouvelle tentative de sécession. Mis hors la loi par la Convention, il se retira à Londres en 1795.

Pâris (les frères). Fils d'un aubergiste du Dauphiné, les quatre frères Pâris,

ANTOINE *(Moirans 1668 - Sampigny 1733)*, CLAUDE, DIT LA MONTAGNE *(Moirans 1670 - en Dauphiné 1745)*, JOSEPH, DIT PÂRIS-DUVERNEY *(Moirans 1684 - Paris 1770)* et JEAN, DIT DE MONTMARTEL, MARQUIS DE BRUNOY *(Moirans 1690-1766)*, arrivèrent à Paris en 1704, où ils firent rapidement fortune comme ravitailleurs des armées. Pour s'être opposés au « système » de Law en créant une Assemblée générale des actionnaires, ils furent exilés en 1720. Après la banqueroute de Law, Pâris-Duverney fut nommé à la tête de la Commission chargée de réorganiser les finances et, avec ses frères, dirigea les finances de la France de 1723 à 1726. Il contribua aussi au mariage de Louis XV et de Marie Leszczynska. En 1751, Pâris-Duverney contribua à la fondation de l'École militaire et son frère, Pâris de Montmartel, devint garde du Trésor royal.

Pilâtre de Rozier FRANCOIS *(Metz 1754 - Wimereux, Pas-de-Calais, 1785)*. Après avoir été apothicaire du prince de Limbourg, il créa à Paris en 1781 le musée des Sciences et enseigna à Reims la physique et la chimie. Le 21 novembre 1783, il réalisa avec le marquis d'Arlandes la première ascension humaine en montgolfière. Il périt à la suite de l'incendie de son ballon lorsqu'il essaya de traverser la Manche.

Mme de Pompadour - Phot. Lauros-Giraudon

Pompadour JEANNE-ANTOINETTE POISSON, DAME LE NORMANT D'ÉTIOLES, MARQUISE DE *(Paris 1721 - Versailles 1764)*. Fils d'un financier, François Poisson, elle épousa un fermier général, Le Normant d'Étioles, en 1741. Remarquée par Louis XV, elle fut de 1745 à 1751 la maîtresse déclarée du roi, qui la fit marquise de Pompadour. Elle sut conserver l'amitié du roi et joua un rôle politique non négligeable : elle soutint notamment Bernis et Choiseul. Elle fut surtout une protectrice éclairée des arts et des lettres et favorisa en particulier la parution de l'*Encyclopédie*.

Prie JEANNE AGNÈS BERTHELOT DE PLÉNEUF, MARQUISE DE *(Paris 1698 - Courbépine, Normandie, 1727)*. Fille d'un traitant, elle épousa en 1713 le marquis de Prie, ambassadeur à Turin. Rentrée en France, elle devint la maîtresse du duc de Bourbon et, conseillée par les frères Pâris, elle gouverna en fait quand son amant devint Premier ministre (1723). Elle fit renvoyer l'infante Marie-Anne Victoire en Espagne pour faire épouser au roi Marie Leszczynska. Devenu impopulaire, elle perdit la confiance de Louis XV en conspirant contre Fleury et fut exilée en 1726 dans sa terre de Courbépine où elle se suicida.

Richelieu LOUIS FRANCOIS ARMAND DE VIGNEROT DU PLESSIS, DUC DE *(Paris 1696 - id. 1788)*. Petit-neveu du cardinal de Richelieu, il fit campagne sous le maréchal de Villars en 1712-1713 et fut embastillé pour avoir participé à la conspiration de Cellamare en 1719. Il se distingua aux batailles de Dettingen en 1743 et de Fontenoy en 1745 et fut fait maréchal de France en 1748. Pendant la guerre de Sept Ans, il organisa l'expédition de Minorque et prit Mahon en 1756. Il dirigea l'occupation du Hanovre et contraignit l'armée anglo-hanovrienne à capituler à Kloster-Zeven (1757). Mais il se discrédita en mettant le pays au pillage et ne reçut plus de commandement.

Rochambeau JEAN-BAPTISTE DE VIMEUR, COMTE DE *(Vendôme 1725 - Thoré 1807)*. Entré dans la cavalerie en 1742, il se distingua à Lawfeld et à Clostercamp. En 1780, il commanda en chef en tant que lieutenant général l'armée française qui prit part à la guerre d'Amérique. À son retour en France, il fut commandant en chef en Picardie (1784) et en Alsace (1789). Il commanda l'armée du Nord en 1790 et fut nommé en 1791 maréchal de France. Arrêté sous la Terreur, il fut libéré après Thermidor.

Rohan LOUIS RENÉ ÉDOUARD, PRINCE DE *(Paris 1734 - Ettenheim, Bade, 1803)*. Coadjuteur de son oncle, évêque de Strasbourg, il reçut Marie-Antoinette lors de son arrivée en France en 1770. Envoyé comme ambassadeur à Vienne en 1772, il fut rappelé en 1774 en raison de son incompétence. Nommé par Louis XVI grand aumônier de France et directeur des Quinze-Vingts en 1777, il devint cardinal en 1778 et évêque de Strasbourg en 1779. Compromis dans l'affaire du Collier, il fut enfermé à la Bastille en août 1785. Acquitté en 1786,

Richelieu - Phot. Larousse.

Rochambeau - coll. part/Archives I. R. L.

il fut cependant exilé à la Chaise-Dieu. Élu député aux états généraux en 1789, il refusa de prêter serment à la Constitution civile du clergé et émigra à Ettenheim.

Rousseau JEAN-JACQUES *(Genève 1712 - Ermenonville 1778)*. Fils d'un horloger genevois, il fut livré à lui-même dès son enfance et fit son éducation en autodidacte. Après avoir exercé différents métiers, il fut protégé par Mme d'Épinay et fréquenta les milieux philosophiques de Paris, mais il souffrit d'incompréhension et de solitude et se réfugia dans une misanthropie farouche. L'ensemble de son œuvre littéraire, fondée sur la recherche d'une harmonie entre les hommes, exprime une critique des fondements de la société corruptrice. Ses œuvres philosophiques (*Du contrat social*, *Émile*), romanesque (*la Nouvelle Héloïse*) ou autobiographiques (*Confessions*, *Rêveries du promeneur solitaire*) sanctionnèrent le triomphe de la nouvelle sensibilité.

Saint-Germain CLAUDE LOUIS, COMTE DE *(Vertamboz, Jura, 1707 - Paris 1778)*.

Rousseau - Edimbourg, National Galleries of Scotland/I. R. L.

Après avoir été novice chez les Jésuites, il préféra la carrière militaire et servit d'abord l'Électeur palatin et l'Électeur de Bavière. Revenu en France, il se distingua aux batailles de Rocourt et de Lawfeld. Étant passé en 1760 au service du Danemark, il fut nommé feld-maréchal et ministre de la Guerre. Il revint en 1772 et fut nommé par Louis XVI secrétaire d'État à la Guerre en octobre 1775. Il accomplit d'importantes réformes militaires et se heurta à l'opposition de la noblesse. Il dut démissionner en 1777.

Saint-Simon LOUIS DE ROUVROY, DUC DE *(Paris 1675 - id. 1755)*. Fils d'un page de Louis XIII, il prit part tout jeune au siège de Namur et à la bataille de Neerwinden. En 1695, il épousa la fille du maréchal de Lorge, mais, scandalisé de n'être pas nommé brigadier, il quitta l'armée en 1702. Il fondait beaucoup d'espoirs sur le duc de Bourgogne, petit-fils de Louis XIV, mais la mort du jeune prince, en 1712, trompa son attente. La Régence lui permit de jouer enfin un rôle politique grâce à l'appui de Philippe d'Orléans, dont il était l'ami depuis sa jeunesse. Membre du Conseil de régence, il fut, en 1721, envoyé en Espagne pour négocier le mariage de Louis XV avec l'infante Marie-Anne. Après la mort du Régent, il quitta les affaires et se retira dans son château de La Ferté-Vidame, où il se consacra à la rédaction de ses *Mémoires,* une œuvre monumentale dans laquelle il évoque avec pittoresque et précision la vie de la Cour de 1691 à 1723.

Sartine ANTOINE DE, COMTE D'ALBY *(Barcelone 1729 - Tarragone 1801).* Lieutenant général de police de 1759 à 1774, il améliora l'approvisionnement, le nettoiement et l'éclairage de Paris. Nommé par Louis XVI secrétaire d'État à la Marine en 1774 et ministre d'État en 1775, il réorganisa les forces navales. Il fut disgracié en 1780. Dès le début de la Révolution, il émigra en Espagne.

Silhouette ÉTIENNE DE *(Limoges 1709 - Bry-sur-Marne 1767).* Conseiller au parlement de Metz (1735), il fut nommé par Louis XV contrôleur général des Finances en 1759. Pour combler le déficit, il supprima de nombreuses pensions, émit un emprunt sur la ferme générale et proposa d'établir une subvention générale. Il fut disgracié en 1759 après avoir suspendu les paiements de l'État.

Soubise CHARLES DE ROHAN, PRINCE DE *(Versailles 1715 - Paris 1787).* Ami de Louis XV et protégé par Mme de Pompadour, il reçut le gouvernement de la Champagne (1741-1751), puis celui de la Flandre et du Hainaut (1751) et devint ministre d'État (1759). Maréchal de France, il fut responsable des défaites de Rossbach (1757) et de Wilhelmstadt et perdit Cassel en 1762.

Suffren de Saint-Tropez PIERRE ANDRÉ DE, DIT LE BAILLI DE SUFFREN *(château de Saint-Cannat, près d'Aix-en-Provence, 1729 - Paris 1788).* Chevalier de Malte, il servit dans la marine française et participa à la guerre de l'Indépendance américaine. On lui confia une division navale destinée aux mers des Indes. Il remporta une série de succès au large des Indes, à Madras (1782), Negatapam et Gondelour. Ces victoires facilitèrent l'action des princes hindous contre les Anglais. Rentré en France en 1783, il trouva la mort au cours d'un duel.

Terray JOSEPH MARIE *(Boën 1715 - Paris 1778).* Conseiller clerc au parlement de Paris (1736), cet ecclésiastique fut nommé par Louis XV contrôleur général des Finances (1769) et ministre d'État (1770) à l'instigation de Maupeou. Il forma avec ce dernier et d'Aiguillon un triumvirat. Pour résorber le déficit, il tenta des réformes : suspension de l'amortissement des dettes, réduction des dettes, établissement de taxes. En novembre 1771, il prorogea le vingtième jusqu'en 1781. Partisan de la

réglementation en matière économique, il interdit l'exportation des grains (1770) ainsi que leur commerce à l'intérieur du royaume (1771). Très impopulaire, il fut disgracié par Louis XVI.

Trudaine DANIEL CHARLES *(Paris 1703 - id. 1769).* Conseiller au parlement de Paris, intendant à Riom (1730), il fit construire en Auvergne les premières routes reliant la plaine à la montagne. Appelé à la direction des Ponts et Chaussées (1743), il en créa l'école (1747) et le corps d'ingénieurs (1750). Il décida la création de nouvelles routes et de nombreux ponts.

Turgot ANNE ROBERT JACQUES, BARON DE L'EAULNE *(Paris 1727 - id. 1781).* Après avoir été destiné à l'état ecclésiastique, il entra dans la magistrature et devint intendant de Limoges en 1761. Contrôleur général des Finances et secrétaire d'État à la Marine en 1774, il supprima les douanes intérieures et chercha à établir la liberté du commerce et de l'industrie par la suppression des maîtrises et des jurandes. Mais il se heurta à l'opposition des privilégiés et fut disgracié en 1776.

Vergennes CHARLES GRAVIER, COMTE DE *(Dijon 1719 - Versailles 1787).* Fils d'un président du parlement de Dijon, il fut envoyé comme ambassadeur à Constantinople (1754-1768), puis à Stockholm. En 1774, il fut nommé par Louis XVI secrétaire d'État aux Affaires étrangères et rétablit la position de la France dans le monde. Il engagea les armées françaises dans la guerre de l'Indépendance américaine et, par la

paix de Versailles, recouvra quelques territoires perdus en 1763. À sa mort en 1787, la France avait retrouvé son prestige en Europe.

Voltaire FRANÇOIS MARIE AROUET, DIT *(Paris 1694 - id. 1778).* Né dans la bourgeoisie parisienne, il fut dès ses débuts littéraires aux prises avec le pouvoir, fut embastillé et dut s'exiler pendant trois ans en Angleterre, dont il fit l'éloge dans les *Lettres philosophiques* (1734). Il chercha successivement la sécurité à Cirey, chez Mme du Châtelet, auprès de Frédéric de Prusse, puis dans ses domaines des Délices et de Ferney. Écrivain universel, il s'illustra dans l'épopée, la tragédie, les poèmes, les contes *(Zadig, Candide),* les essais historiques *(Le siècle de Louis XIV)* et les ouvrage polémiques *(Dictionnaire philosophique).* Il se fit aussi connaître par ses campagnes en faveur des victimes d'erreurs judiciaires (Calas, Sirven, Lally-Tollendal) et se fit le champion de la tolérance.